輪郭をつけて、誰かに手渡すこと。
そして、誰かの
た真実と
交換し合うこ

暮らしを変える

書く力

一田憲子

KADOKAWA

はじまり

私がフリーライターになって、初めて書いた原稿は、インテリア誌『美しい部屋』の子ども部屋特集でした。当時まだパソコンなんてなくて、ワープロで書いた原稿を編集部に持っていくと、編集長にさっそくダメ出しをされました。「写真で見えることは書かなくていい。見えないことを書いてください」と。窓にカフェカーテンを1枚つけたら、明日がちょっと楽しみになる。そんな目には見えない小さな幸せを綴ることを教えていただきました。

数年前にエッセイを書くことになったとき、またまたダメ出しをされました。「一田さん、〝取材〟でなく、〝分析〟で書いてください」。確かに話を聞いて書く「取材」と違って、「分析」するには「自分の意見」を持たなくてはいけません。びびりんぼで、すぐに「私なんて」と逃げたくなる私が、腹を括《くく》って、見て、聞いたことを、「自分の視点」で書くことを教えていただきました。

こうして、たくさんの失敗を経て、私は今、文章を書くことを生業《なりわい》としています。自分で起ち上げた雑誌『暮らしのおへそ』（主婦と生活社）をはじめ、女性誌やライフスタイル誌に記事を書いたり、エッセイを書いたり。暮らしの中の小さな出来事を綴ることは、自分が何者なのかを見つめる作業でもありました。


今は、FacebookやInstagram、ブログなど、誰もが自分が書いたものを、自由に発信できる時代となりました。私が書いた文章を、誰かが読んでくれる……。そのために書く文章は、自分の思いを綴る日記とは少し違います。

「誰かに伝えるために」書く文章では、いったん自分から離れなくてはいけません。人と出会ったり、何かを体験したり。感じたこと、考えたことを、自分を抜け出して見つめ直し、発見し、分析し、整え、統合する……。

ただ思いのまま書くのではなく、そこに「伝えるため」という前提がついたとたん、「書く」プロセスがガラリと変わります。あの匂いや光までを感じてもらえるように、思いを共有するために、わかりやすく……。

届ける相手がいる文章を書くことで、私は自分を成長させることができたなあと思っています。自己完結するのではなく、誰かに手渡すために必要なことは何？　そう考えることで、「書く」ことが、とてもクリエイティブな作業になりました。

私のように「書く」ことが仕事でなくても、日常の中には「伝える言葉」がたくさんあります。手紙やメールはもちろん、ほんの1、2行のSNSの文章でさえ、今日という日の中から発見した何かを、誰かに手渡すことができる。

さらに、伝えるために自分を離れるからこそ、今まで見えていなかった自分の姿がくっきりと立ち上がります。それが、書くということの楽しさ、奥深さだなあと思います。

この本では、私が「書く」ということに向き合う中で、頭の中ではどんな作業をしているのか、無意識で繰り返してきたプロセスを再確認しながら、まとめてみました。

初めて自分自身にとっての「書く」という作業を振り返ったとき、改めて思ったことがあります。それは、私は「いい文章を書く」ために、書いているのではない、ということ。

「書く」という作業を通して、見えないものに輪郭をつけていく作業がワクワクと楽しい！

「書く」ことは、まだ見ぬ自分と出会うための扉を開けることだと信じています。

書く力

暮らしを変える

目次

ブックデザイン　なかよし図工室（成澤豪、成澤宏美）
撮影　杤木功
校正　秋恵子　新居智子
DTP　Office SASAI

１章

「書く」ってどういうこと？

目の前にある事実の中から自分だけの事実を探す

- ライター塾を始めたわけは？
- 文章には２つの種類がある
- 自分を出さないで書いても、自然にその人らしさが立ち上がる

ライター塾を始めたわけは？

2019年、6人という少人数制で「ライター塾」を始めました。「文章を書く」ということに興味がある人に集まってもらい、どう書けば「自分の思い」が伝えられるのか、そもそも、自分が「伝えたいこと」とはなんなのか？　それを探したり、まとめたりする方法を、私の経験からお伝えする私塾です。実際に文章を書いてもらいながら、それを私がその場で添削し、ポイントを説明する形で進めていきます。

「この私が文章の書き方を教える？」

「自分自身がそんなに上手に書けるわけでもないのに？」

「なんだか偉そ～じゃない？」

いろんな迷いの中で、「それでも」と一歩を踏み出したのは、仕事で後輩の文章を添削した経験からでした。

『天然生活』別冊の『暮らしのまんなか』というムックの編集を一冊丸ごと任されて作るよう

になって、15年が経ちます。ずっと一人で取材し、原稿を書いてきたのですが、ここ3〜4年、ほかの仕事が忙しくなったこともあり、若手のライターさんたちに一部のページを託すようになりました。そうして、上がってきた原稿をチェックして「ここはちょっと意味が通らないかな」「ここで言いたいことは何かな？」と思うところに赤字を入れて、書き直してもらいました。

このやりとりの中で、1回目より2回目の文章がぐんとよくなる、という変化を目の当たりにしました。さっきまで書かれていなかった、取材現場での会話が差し込まれて、突然生き生きし始めた文章を読んだとき。何が言いたいかイマイチ見えてこなかったのに、はっと心を突くひとことが加わって、ぐるりと文章全体が一回転するほど変わったとき……。書き手が何かに気づいた瞬間に立ち会うと本当に感動します。さらには、書き直した本人が「なるほど、そう考えればいいんですね！」と、とても喜んでくれました。そして、「あ、こんなやりとりならできるかも……」と思ったのでした。

ずっと「私の文章なんて、まだまだだ」と思ってきました。でも、もう25年以上、ライターという職業をやってきて、三日坊主の私がこれだけは飽きずに書き続けている……。

どうやら私の中には、自分でも無意識のうちに培《つちか》った「文章を書く基本ルールのようなもの」が積み重なってきたよう。そのことを「人の文章に赤字を入れる」という作業の中で「ああ私って、いつもこうやって文章を書いてきたんだ」と発見したのでした。

そこで、「ライター塾」という場を借りて、自分自身の中に埋もれている「何か」を掘り起こしてみようと思ったというわけです。

文章には2つの種類がある

「ライター塾」で最初にお伝えするのは、文章には2つの種類があるということです。

ひとつは**「自分を出さずに書く」**文章。これは、雑誌記事のように、「誰が書いているか」は関係ないという文章。ショップ紹介やインテリア記事、インタビューなどで、事実を事実として書くことが必要。そこに「私はどう思った」という感想や意見は出しません。

もうひとつが**「自分を出して書く」**文章。これはエッセイなどのほか、ブログやSNSなど自分発信の文章です。最近の人はSNS慣れしているので、こちらの文章のほうが得意なよう。

たとえば、東京・吉祥寺にあるカフェ「コロモチャヤ」を紹介する場合、この2つのパターンで書き分けると左記のようになります。

自分を出さないで書く場合

東京・吉祥寺の駅から徒歩3分。「えっ ここに?」という雑居ビルの2階に、カフェと洋服の店「コロモチャヤ」があります。オーナーの中臣美香さんは、アパレル業界で働いたのち、ケーキ作りを学んだという方。1枚のシャツと、一皿のケーキが伝える心地よさはきっと同じ。そんな思いで作り上げた店は、中臣さんの歩いてきた道そのもの。手作りのケーキと香り高いお茶でひと休みした後に、明日着ていくシャツを選ぶ。そんな過ごし方ができます。

自分を出して書く場合

甘夏のタルトを頼んだら、びっくりするほど大きな器に盛り付けてテーブルに運ばれてきました。その余白の美しいこと! この器を選んだ人のことが知りたくなりました。「コロモチャヤ」は、カフェの横に洋服のセレクトショップがつながっている、「2つでひとつ」の店。

オーナーの中臣美香さんは、アパレル業界で働いたのち、ケーキ作りを学んだと聞いて、このお店の形に「なるほど」と思いました。ケーキにも、器にも、シャツにも「コロモチャヤ」らしさが宿っている……。その繊細な視点に触れると心が刺激され、一度訪れるとまた行きたくなるのです。

「事実を事実として書く」ということができていないと、「自分が考えたこと」や「感じたこと」を正確に伝えることができません。初めて「コロモチャヤ」というお店を知る人に、どういう店なのか、その基本情報をきちんと伝えられなかったら、「こんなところがいい」といくら言ったところで、理解がしてもらえない……。

ブログやSNSで「感じたことを伝えたい!」と思ったら、まずは相手にきちんと「事実が伝わる文章」を書く、ということが第一歩。「この文章でちゃんと伝わっているかな?」と一歩引いて考えることが大切です。

自分を出さないで書いても、自然にその人らしさが立ち上がる

でも……。実は自分を出して書いても、出さないで書いても、そこには自然に「その人らしさ」が立ち上がります。

たとえばお店紹介の記事の場合、駅から近い便利な場所にある、森の中にある、海辺にある、といった立地条件から、店内のインテリアの様子、どんなフードが出てくるかという「食」の切り口、器や小物などオーナーの「モノ選びの視点」、さらには、この店をどうして作ったかという店主の思いまで、そこにはたくさんの事実があります。文字数に限りがあって、すべてを書くわけにはいかないとき、**どこを切り取るかで、文章はまったく違うものになります。**

つまり、事実を事実として書く場合にも、そこには書き手の「ものの見方」が必ず表れ、自分を出さないで書いても、自ずと「その人らしさ」が表れてしまうというわけです。

「コロモチャヤ」を紹介する文章の場合、私が大事だと判断した「事実」は、カフェと洋服の店が隣り合っているということ。そして、それがオーナーの今まで歩んできた道につながっているということです。さらには、ただ「おいしい」だけでなく、それを盛り付ける「器の余

白」にまでこだわって生み出した、心地よい「場」であるということ。

これを別な人が書けば、野菜たっぷりのランチがおいしい、ということに焦点を当てる人もいるでしょうし、子連れでも安心という「環境」を取り上げる人もいるはず。

つまり、**人は自分の「引き出し」の中にある材料をもとに、事実を把握する、**ということになります。文章を書くということは、目の前にある「事実」と、自分の内側にある「興味の種」をリンクさせながら分析することなのだと思います。


「これはどういうことだったんだろう？」と事実をひとつずつ取り出して、さらに自分の引き出しを開け、中にあるものと比較し、理解していく……。それは気の遠くなるほど大変な作業だけれど、「ああ、なるほど！」と何かと何かがカチリと結びつき、「わかった」瞬間の快感といったら！

毎回、見えない事実を見るために、私は文章を書いているんだなあと思います。そして、この快感を、ぜひ「書くこと」に興味がある多くの人に味わってほしいと思うのです。

「自分ごと」として読んでもらえる文章を書く

- みんなが「そうそう」と読んでくれるには？
- 「ふ～ん、そう」で終わらない文章に
- 個人の体験を、みんなが手を伸ばせば届く言葉で綴る

みんなが「そうそう」と読んでくれるには？

Facebook やInstagram、そしてブログ……。最近では、発信の「場」がたくさん生まれました。言葉を綴る目的は人それぞれです。書くことで、今日あったことを思い出し、反芻《はんすう》し、自分の頭の中を整理したいから、という人もいます。そのほか、忘備録として、自分が作った商品を売るため、お店を知ってもらうため、趣味の世界を誰かと共有するため、など目的はさまざま。自分自身のためならば、何を書こうが自由です。でも……。その枠から一歩出て、文章の向こうに「誰か」がいると想定したとき、その書き方は違うものになります。

「なんのために書くの？」。文章を綴るときにいちばん大事なのに、いちばん忘れやすいのがこの視点なんじゃないかと思います。

SNSやブログなどに、自分が見たこと、感じたことを書く場合、できれば読んでくれた人に「おもしろかった」「そうか！　と目から鱗《うろこ》だった」「温かい気分になった」「私もそう考えてた！」などと、何かしらのポイントで「読んでよかった」と思ってもらいたい。それが「伝える」文章です。そのために心がけるのが、**個人的な事実を、みんなが「そうそう！」と「自分ごと」として読んでもらえる文章にすること。**「今日、○○をした」「今日、○○を食べた」という個人的な出来事の中に、どんな人の心にも引っかかる「共通フック」をつける必要があります。

「ふ〜ん、そう」で終わらない文章に

たとえば、私の場合はこんなふう。原稿の入稿が終わって仕事がひと段落して、時間に余裕ができた日には、おやつを手作りしてみたり、ライブや美術館に出かけたり。そんな出来事を自身のサイト「外の音、内の香」に綴ります。

でも……。「今日の出来事」だけを綴るのでは日記にすぎません。それなら自分のノートだけに書いておけばいい。有名な女優さんやミュージシャンや文化人ならば、その人が「何をしたか」だけでもおもしろい。でも、いたって普通の人が、個人的な体験だけを綴っても、「ふ〜ん、それで？」で終わってしまいます。

ある日綴ったのはこんな感じでした。

外の音、内の香　2020年9月3日

さて。私はいろんな仕事がひと段落して、ちょっと一息ついています。

そうなると、あれこれやりたくなる！

ということで、6月には、なぜかちっともやる気にならなかった梅シロップを冷凍梅を取り寄せて作ってみたり。

いちじくのコンポートを作ってみたり。

すっかり味をしめたブルーノートのオンライン配信で、上原ひろみさんのライブを楽しんだり……。

どうして、こうやって積極的にあれこれ遊んでいるかというと……。


（中略）

「振り返り」という作業をやってみているワタクシ。

（中略）

「振り返り」のために、毎日数分の時間を割いて、自分の考えをまとめてみる……。
そうやって、ノートを前にして、ペンを走らせながら、あれこれ考えた結果、
今更ですが、私は「働きすぎ」ってことに気づいちゃった……。
（中略）
だったら、仕事を引き算した残りっていったいなに？と考えました。
つまり、私にとって楽しいことってなに？ってこと。
そして、私にしては珍しく、それを書き出してみたのです。

個人の体験を、みんなが手を伸ばせば届く言葉で綴る

おやつを作ったり、ライブに出かけたり。そうやって私が「今日やってみたこと」の根っこには、「仕事以外のことを楽しもう！」と考えたという「動機」がありました。そんな思いに至ったのは、苦手だった「振り返り」という作業をやってみたから。自分の日々を振り返ると、仕事ばかりやっていることに気づいた……。

つまり「今日の出来事」のもっと前に、「振り返り」をやってみる機会があり、それが私の心のどこかを動かし、「そうだ、遊んでみよう！」という行動につながったということ。その「出会い→気づき→行動」というプロセスを、丁寧に追っていくことで、「人生＝仕事＝何が残る？」という書くための「テーマ」が立ち上がってきました。それは、「自分にとっての楽しいことって何？」と考え直してみる、ということでもあります。ここまで、**「今日の出来事」を分解していくと、「個」の匂いがどんどん薄まっていきます。**そして、読む人が「私にとって、楽しいことってなんだろう？」と、一緒に考えてくれるかもしれない……。

これは、ちょっと硬い言葉で言えば、普段の暮らしの中から、「本当のこと」＝「真実」を見つけ出すという作業でもあります。楽しかった、おいしかった、ワクワクした。そんな個人の体験のもう一段上には、どうしてそう感じたか？　という「真実」がぷかぷか浮いている……。そんなイメージ。

日々のちょっとした出来事と、頭上に浮いている「真実」を結ぶブリッジをどうやって見つけるか？　そのプロセスは人によって違います。「真実」はひとつでも、そこに到る道がいろいろあるからこそ、人生はおもしろい。そして、人がどんな道を通って「そこ」へたどり着いたのかを知ることがおもしろい。これが、人の書いた文章を読むおもしろさなんじゃないかと思います。

「真実」は、そんなに大層なことでなくてもいいのです。いつもの暮らしの中から、こんなことに気づいた、そんなささいな発見でいい。それが、生活のすぐそばにあって、なのに、そこにあることを忘れていたようなことであればあるほど、「そうそう、そうだった！」と読んでくれる人の心に響き、共感を誘うことと思います。

大事なのは、今日の前にあることから、ふわりと視線を上げてみること。日常というものの上に、ぷかぷか浮かんでいる「真実」を見つけて言語化すれば、個人の体験が、みんなが手を伸ばせば届く言葉になる。今日のささいな体験が、あの人やこの人の生活ともつながる……。その手応えを感じたとき、「ああ、書いていてよかったなあ」と思え、その実感が次に書く力を育ててくれると思っています。

いちばん書きたいことを書く

- 感動したことほど、きちんと伝えるのは難しい
- 「説明」と「伝えたいこと」は違う
- 「書きたいこと」の種を蒔く

感動したことほど、きちんと伝えるのは難しい

取材に行って誰かの話を聞いたときや、カフェで友達と話したとき、「ああ、なるほど!」と感動し、「今日の収穫はこれだ!」と胸に抱えて帰る言葉があります。なのに……。原稿やブログに書こうとしたとたん、熱い思いがあればあるほど、きちんと伝えることは、なんて難しいんだろうと毎回ぼう然とします。

胸を震わすほど感動したからこそ、文章に置き換えることに限界を感じてしまう。すばらしい感動を、ストレートに書くと、読み手は「なんだ、この人、一人で熱く語ってるよ」と冷めてしまうので……。

取材の現場で話を聞いた私たちは、その人の人生の波乱万丈や喜怒哀楽を、その人の声で、その人の目を見ながら聞くことができます。

「こんな失敗をしてね」ということろで、一緒に意気消沈し、「でも、こう思ってね」と聞く

と、語り手の強さに感動し、「だから、今こう考えるようになったの」という言葉に、「なるほど」と膝を打つ。そんな時間を共有することで、まるで、その人が経験した時間を、巻き戻して見せていただいたような気持ちになります。

それに対して、読者はたまたま本を開き、普段の生活の中でその文章を読むので、まったく白紙の状態です。そんな相手に対してはまず、自分が会ってきたのが、どういう人かを説明することからスタートしなくてはいけません。

「説明」と「伝えたいこと」は違う

波乱万丈の人生を、もう一度最初からたどりながら、文章にしていくうちに、「あれ？」と立ち止まることがあります。読み返してみると、説明することばかりに一生懸命になっていて、本当に伝えたいことが書けていない。「これじゃあ、ただの人生のあらすじじゃない」と落ち込むことも。私が書きたいのは、もっと別のところにあったはずなのに……。そんな状況を改めて分析してみると「説明」と「本当に伝えたいこと」の違いが見えてきました。

「本当に伝えたい」のは、事実とは別の場所にある、私自身がどう感じたかという感情なのです。人が感動するのは、今までの経験の中で、自分の引き出しの中に蓄えてきたものと、今聞いた話の何かがカチリと組み合わさったとき。同じ話を聞いても、何に心が震えるのかは、そのとき自分に立っているアンテナの種類によって変わります。人間関係にすごく悩んでいるときには、人と人のコミュニケーションについてピピッとアンテナが反応するでしょうし、自分をスキルアップすることに興味があるときには、誰がどうやって自分を磨いたか、という話に食いつくはず。

つまり誰かの話に「感動する」という体験は、とてもパーソナルなものだということです。だからこそ、それを人に伝えるのが難しい。そこで必要になるのが、自分の感情を冷静に見つめ、「どうしてそう感じたか」をきちんと分析することです。

自分の引き出しに入っていた過去の体験の中には、「きっとみんなも一度は感じたことがあるだろう」という内容が含まれているはず。自分と他者の接点を探し、私的な感情の中から共感ポイントを抽出するというイメージです。

「書きたいこと」の種を蒔く

まず最初に、取材した人のアウトラインをきちんと説明することから始めなくてはいけません。「ここが伝えたい！」といちばん書きたいことを書くために、少しずつ土壌を耕しておく、ということです。そのときに**「共感ポイント」の種を、説明の間に少しずつ蒔いておきます。**

『暮らしのおへそ』で、タサン志麻さんを取材させていただいたときのこと。

志麻さんは、フランス料理が大好きで、かつてはフランスの料理学校で学び、帰国後は東京のフランス料理店で働き、稼いだお金すべてを使って、フランス映画を見て、料理書からフランス文学まで本を読み漁り、と、とことん「その道」を求めた方です。なのに……。「何かが違う」と思ったとき、潔くすべてを捨ててしまいました。

フランス料理がいいなと思ったのは、かつて、映画や物語の中で見聞きしていた「家族みんなで過ごす食事の時間の温かさ」だったそう。ところが、実際にはフランス料理店は敷居が高く、両親が来てくれても、メニューに書いてあることさえわからない……。そんなジレンマに悩み、お店を辞めてしまいます。その後、やっと見つけた居場所が、忙しいお母さんのために、代わりに料理を作ってあげる「家政婦」だったというわけです。そんな志麻さんのたどってきた道を説明しながら、少しずつ種蒔きをした文章はこんな感じです。

『暮らしのおへそ』Vol.31

私生活では、フランス人の夫ロマンさんと、3歳の長男、1歳の次男と4人暮らし。ご自宅は、家賃5万7千円という築60年の一軒家です。

「住みながらコツコツと手を加えています。14歳で上京したひとり暮らしの頃から、ずっとぼろアパート住まいだったんです」と教えてくれました。

あのテレビで活躍している志麻さんが、家賃5万7千円の古家に住んでいるなんて！　その事実を書くことで、人目を気にすることなく、「我が道をいく」という姿勢を感じさせることができます。

帰国後、東京のフランス料理店で働きながら、食べ歩きをしたり、映画を見たり、フランス文学の本を読んだり。

「家賃と生活費を除いた残りすべてを、勉強のために使っていました。不器用で才能がない分、努力をしないと人と同じようにできない、といつも肝に銘じていましたから」と、その一途な集中力には驚くばかり。

このエピソードで、いかに志麻さんが粘り強いかが伝わります。その上で、やっと「家政婦」という仕事に巡り合ったことを書きます。

「働くお母さんが、『ゆっくり家族で食べられました！』と喜んでくれるのがうれしくて……。ああ、やっと私は、思い描いていた理想の食卓のシーンをつくれるようになったと思いました。家政婦って下働きっていうイメージがあるけれど、私がやりたかったのはこれだって思ったんです」

この3点で、志麻さんの歩いてきた道を綴って、最後に自分が書きたいことを書きます。

イライラしたり悶々《もんもん》とするのは「いちばん大事なこと」でなく、その周りにある「無駄なこと」に時間や心を奪われてしまうから。志麻さんのように、とことん自分に正直に、心の奥底にある「本当の自分」にピントをあわせて、「わが道」をスタスタと歩いてみたくなりました。

『暮らしのおへそ』の本文量は、取材した人一人につき、約1500文字です。その中で本当に書きたいことを書けるのは、この最後のわずか120字ほど。でも、これが暑苦しくならず、説明をきちんとした上で、思いを伝えてくれるのにちょうどいい量なのかなと思っています。

この120字を導き出すまで、その前の1380字で、取材してきたことを整理し、簡潔にまとめる。そんな作業をしながら、自分の中がだんだん整ってくることを感じます。

短い文章だからこそ、あの言葉もこのエピソードも感動したけれど、いちばん強く心に残ったのはなんだろう？　と自分と向き合う……。いちばん書きたいことを書く、という作業は、自分の心の中から本当に大事な宝物を削り出すことなのかもしれません。

私が知っていることをみんなも知っているとは限らないと心する

- 「わかっているつもり」に注意!
- 人の話に感動しても、何に感動したかは意外にわからない
- 事実と感情を分けて考える
- 事実と感情がカチリと組み合わさる爽快感といったら!

「わかっているつもり」に注意！

若いころ、雑誌の原稿を書いて、担当の編集者から赤字を入れて戻されると、ついムッとしたものです。

編集者は、冷静な目で全体を読み、「ここがわかりにくい」などと気づいたことを指摘してくれます。「ありがたい」と感謝しなくてはいけないのに、時間をかけて苦労して、やっと書き上げた原稿にケチをつけられたような気分になって、「も〜、そんな細かいこと言ってもさあ」と一人でムカついておりました。

でも、冷静になって読み直してみると、指摘はいつも的を射ていて、私は編集者の赤字によって育ててもらったなあと思います。

いちばん勉強になったのは、「私が知っていることを、みんなも知っているとは限らない」ということでした。「これは、みんなは知らないと思うのでひとこと説明してください」という赤字をよく編集者からもらったもの。若いころは、いちいち説明を書くのが面倒くさくて、しかも、説明すると文字数をとるので、本当に書きたいことが書けなくなって「も〜、いいじゃん！　わからない人は自分で調べれば！」などと自分勝手に思っていました。でも、今になってやっとわかってきました。**「自分がわかっているつもりになっていることを、ちゃんと人に伝えることがいちばん難しい」**のです。

それは、たとえばこんな感じです。

私が知っていることだけで書いた文章

「ギャルリ百草」で、安藤雅信さんの器を買ってきました。あの伝説の「オランダ皿」。リムが広いので、おかずは少ししか盛り付けられませんが、その「ちょっとの間」でおかずが美しく見えること！　いちごなどのフルーツでも、卵焼きでさえ、ときに愛らしく、ときに上品に変身させてくれます。

知らない人もいるという前提で書いた文章

岐阜県多治見にある「ギャルリ百草」は、陶芸家の安藤雅信さんが20年前につくったギャラリーです。数寄屋風の古民家に靴を脱いであがり、畳の間でものと向き合うことができる静かな空間です。そこで、今回はオランダの「デルフト窯」という古い窯元がかつて作っていた器を元に、安藤さんが作ったという「オランダ皿」を買ってきました。

リムと呼ばれる器の縁が、普通の器よりずいぶん広いのが特徴。当然おかずは少ししか盛り付けられません。でも、その「ちょっとの余白」でおかずが美しく見えること！　いちごなどのフルーツでも、卵焼きでさえ、ときに愛らしく、ときに上品に変身させてくれます。

器好きの間では、「ギャルリ百草」は、「知っていて当たり前」の有名店です。でも、一歩離れて、器にあまり興味がない人は、ほとんど知らない……。

一度でも行ったことがある人は、名前を聞くだけで、名古屋駅から在来線で、土岐川の流れを眺めながら電車に揺られ、多治見駅からタクシーでやっと広大な庭の中にある古民家にたどり着く……というビジュアルが浮かんできます。でも、行ったことがない人にとっては、その「前提」がゼロ。そこで、イチから説明をしなくてはいけません。

ただし、場所の説明は、文章の本筋とは関係ないことなので詳しすぎてもダメ。ちょうどいいあんばいに、「そこ」がどんな場なのか、短い文章で伝えるというのは、なかなか難しいことです。

人の話に感動しても、何に感動したかは意外にわからない

たとえば、誰かに話を聞いて、大層感動したとします。それをブログに書いて、みんなでシェアしたい。でも、その思いが強ければ強いほど、「きちんと説明する」ということが難しくなります。ともすれば、その人がどんな話をしたか、という前提をすっとばし、自分がどう感動し、どう考えたかをつらつらと書き連ねてしまう……。そうすると、読む人は、いったい何に感動し、どうしてそう考えるようになったのか、その道筋がさっぱりわからず、「なんだか、すごい人だったみたい」だけで終わってしまいます。

実は、自分が何を聞き、何を見て、何に心を動かされたか、という事実は自分自身さえわかっていないことが多いよう。私も、「ああいいインタビューだったなあ」と充実感いっぱいで

帰宅し、いざ原稿を書こうとすると、いったい自分が何に感動したかが、さっぱりわからなくなっていて、途方に暮れることがあります。聞いた内容を整理し、自分の中で咀嚼《そしゃく》し、「こういうことだったんだ」と分析するには、それなりの時間がかかります。

事実と感情を分けて考える

ここで大切になるのが、「事実」と「感情」をきちんと分けて並べてみること。

まずは、あの人が語った内容は、何と何がポイントだったのか、順序立てて考えてみます。

流れるように話を聞いていると、「なんとなく」わかっているつもりになっていますが、聞いた話を大きく分割してみます。「あれと、これと、これ」を語ってくれたな。たとえば、そうやって3つに分けたとします。それぞれのパーツには、「どうしてそんな話になったか」というストーリーがくっついています。人は、ともすれば、おもしろおかしいストーリーばかりに注意が向きがちですが、それは、何を言うためだったのか、その「軸」をきちんと把握しておくことが大事。これで話の中で大事な箇所が「点」で理解できるようになります。

次に今度はその「事実」のどこにどんなふうに感動したのか、「点」と自分の感情の結びつきを考えます。

「この事実を聞いたから、私のあの記憶が刺激されて、こんなふうに感じ、だから感動したんだ」。自分の感情の「起点」が見えてくると、文章の構成が見えてきます。感情だけを綴って「なんのこっちゃ?」と理解不能なことも、この「起点」から丁寧に説明することで、人に伝わる「文脈」が通ります。

事実と感情がカチリと組み合わさる爽快感といったら!

この「事実」と「感情」の再構築は、文章を書き慣れた人なら、きっと無意識にやっていることだと思います。私も今回、この原稿を書くために、自分の書き方を思い出してみて、そうか、こうやっているよな、と初めて分析してみた次第。ここまできちんとプロセスを踏まなくても、パソコンに向かって文章を練りながら、知らず知らずのうちに、やっているはず。でも、もし慣れていなくて、文章を書くことが苦手なら、丁寧に「事実」を書き出して「感情」と結びつける、という工程を、別の紙などに書いてまとめてみるといいかもしれません。

こうやって、**人に伝える文章を書くことは、自分の思考の整理整頓にもなります。**

実際に私が書くときには、まず、思った端から文章を打っていって、打ちながら考え、やっぱり違うと削除して、とパソコン上で試行錯誤をします。手を動かしているうちに少しずつ事実と感情が整理され、そのうちに、「あの事実」と「この感情」がカチリと組み合わさる瞬間がやってきます。パソコンを打ちながら、手先から真実がポロリと溢れ出るような感覚です。「ああ、そうだったのか!」と、自分の思考すべてが見通せたときの気持ちよさといったら!

私は文章を書くことで、外でインプットしたことを、自分の内側に蓄えたものと組み合わせ、理解しているのだなあと毎回思います。この文章を書く爽快感を、ぜひ多くの人に味わっていただきたいと思っています。

一歩引いて「すきま」がある文章を書く

- 「見えないものが見えてくる」文章を書きたい
- 見えないものの正体は「人の気配」
- 「私は」という主語を極力少なくする

「見えないものが見えてくる」文章を書きたい

先日、とあるお寺に行くと、売店の隅っこで、年に一度のご開帳の様子が動画で流されていました。寒さ厳しい冬景色の中、僧侶たちが順番にお堂にやってきて、お経をあげます。「あぁ、このお寺には、こんなにたくさんの僧侶の方がいらっしゃるんだ。普段はいったいどんな生活をされているんだろう……」。荘厳な映像を眺めながら、きっとそこにあるだろう日常に思いを馳せました。

私たちが心動かされるのは、「見えないものが見えてくる」瞬間なんじゃなかろうかと思います。ハレの日の僧侶の様子に、その陰にある日々のお勤めなど、ケの日が見えてくる。そこには、その人が僧侶になるまでの道のりや、淡々と続く暮らしがある。決して目に見えるわけではないけれど、それがありありと浮かんでくることに感動します。

文章も同じだなあと思いました。実際に書いてある内容に「なるほど!」と納得することはもちろんですが、「ああ、読んでよかった」と思える文章は、「その奥」に続きがあるような気がします。行間にその暮らしや、過ごしてきた時間が見えてくる……。そんな文章を書けるようになりたいなあと思っています。

見えないものの正体は「人の気配」

「見えないものが見えてくる」。**そんな文章に必要なのは、「人の気配」**なのだと思います。たとえば、『暮らしのおへそ』の原稿で、「菓子屋ここのつ」を主宰する溝口実穂さんをご紹介する文章の書き出しはこんなふうでした。

『暮らしのおへそ』Vol.30

自分で意識してつくった「おへそ＝習慣」って何ですか？　という問いに「えっと、縄跳びです」と溝口さん。

四季折々の野菜、果物、植物を使って菓子を作り、それを自身で選んだ器に盛りつけて、いちばんよく合うお茶を組み合わせ、お客さまにひと皿ひと皿提供する。それが、溝口さんが生み出した「菓子屋ここのつ」の和菓子のコース「茶寮」です。

「菓子屋ここのつ」の説明をする前に、まずは「溝口さんの習慣は、縄跳びなんだって！」という驚きを書いてしまう。そうすれば、読む人は、和菓子の美しい景色の向こう側に、溝口さんがクルクルと縄跳びを回している姿を、うっすらと想像しながら読み始めるように思います。

私は「人」に興味があるので、文章を書くときには必ず「その人ってどういう人？」ということを、たった一文でもいいので入れたくなります。

ショップ紹介なら、どんなインテリアで、どんな空間で、どんなおいしいものを食べられるか、というインフォメーションだけで事足ります。でも、オーナーがどんな思いでその店を作り上げたのかを入れたくなる……。そうすれば、お店に足を運んだ人は、ケーキを食べながら、店主の日常とどこかでつながった気分がするはず。それが楽しいなと思うので。

「私は」という主語を極力少なくする

文章のよさは、映像がないことです。読む人は、自分で窓から差し込む光や、香ばしいコーヒーの匂いや、ひんやりとした空気や、そこにいる人の表情、仕草などを、想像力をフル回転させて読んでいきます。つまり**「見えないものが見えてくる」文章とは、読み手が自分を挿入する「すきま」があるということ**でもあります。

「すきま」のある風通しのいい文章を書くコツは、「私は」「私が」という主語を極力少なくすることかなと思います。特にブログなどで、自分の体験を書き連ねていく場合、ふと気づくと「私」のオンパレードになっていることがあります。私も、読み返して「あ、いかん、いかん！」と反省することがしょっちゅう。

「私は」が多くなる文章は、「自慢話」の匂いがします。「私はこんなところに行って、こんなすごい人と出会って、こんなすばらしい体験をして、こんなことを考えました」と……。これでは、読み手が入り込む「すきま」が1ミリも見当たらなくなってしまいます。

読み返して「私」が多いなと感じたら、その箇所を「私」を使わない方法で書き換えます。つまり客観的な視点で書く、ということです。すると、個人的体験が、みんなで共有できる「事実」へと変わっていきます。

「私」が多い文章

ちょっと夏休みをいただき、久しぶりに遠出をしてきました。
夫と一緒に出かけるのは、コロナ禍になって初めて。
私は家で仕事をしているので、日常を離れるのはいいなあと改めて思いました。
旅館に泊まってみると、私も築50年の家に住んでいるけれど、
改めて日本の庭や建物は控えめなところがすばらしいんだなと思いました。
せっかく楽しいひとときを過ごしたのに、帰りに夫と大喧嘩。
私が運転していると、夫がいちいちうるさいこと！
あまりに細かく注意されすぎて、とうとう私はブチ切れました

「車の中であれこれおしゃべりして、そんな時間こそが楽しいんじゃないの?」って。

夫はすぐに黙り込み「確かにそうか。ごめん」と謝ったのでした。そこはエライ!と思った私。

あれこれあったけれど、それでも家に帰ると、また私も明日から頑張ろうと思えました。

「私」を削った文章

ちょっと夏休みをいただき、久しぶりに遠出をしてきました。
夫と一緒に出かけるのは、コロナ禍になって初めて。
家で過ごすのもいいけれど、日常を離れるというのはいいものですね。
古い宿へ。日本の庭や建物は、控えめなところがすばらしい!
無駄を削ぎ落とし、「これだけでいい」と凛と建つ。
そんな在り方を見習いたいなあと思いました。
せっかくいいひとときを過ごしたのに、帰りに夫と大喧嘩。
私が運転していると、夫が横で「ブレーキの踏み方が急すぎる」など
あれこれ注意するのです。

あまりに言われすぎて、最後にブチ切れました。
「車の中であれこれおしゃべりして、そんな時間こそが楽しいんじゃないの?」って。
夫はすぐに黙り込み「確かにそうか。ごめん」と謝ったのでした。そこはエライ!
あれこれあったけれど、それでも暮らしに風が通ったようで
また明日から頑張ろうと思えます。

「私」を控え、読む人には関係のない「私のエピソード」を削ることで、読み手は日常を離れて過ごした私の時間を追体験するように、読み進めることができます。そして、最後に「暮らしに風が通ったさわやかさ」を、自分のことのように感じてもらえるのでは、と思うのです。

文章を書くときに、あえて一歩引く……。自分の姿をその場から消すことで、読み手の想像力をぐんとふくらませてくれるのだと思います。

伝えたいことを書くことと、「自分を出す」ことは少し違います。文章の前面に自分を押し出すのではなく、一歩引いて「すきま」をつくる。読み手が、「見えないものを見て」読み、「そうそう、私もそう思ってた!」と共感してくれることほどうれしいことはない、と思います。

自分が見つけたことをシェアできる形に変換する

- 日記と「伝える文章」の違い
- ブログやエッセイが自慢話に終わらないように
- 「私」をみんなの代表者にしてみる
- 思い込みを手放せば、見えてくるものがある

日記と「伝える文章」の違い

いい文章を書きたい。自分が思ったことを苦労せず綴れるようになりたい。そんな思いを抱いたときの「文章」とは、誰かに読んでもらうため、であるはずです。

日記なら、自分のためだけに書くのですから、上手に書く必要はないし、多少支離滅裂だって、要点だけの箇条書きだって、自分がわかりさえすればいい。でも、自分が感じ、考えたことを、誰かに伝えたい！　と意気込んだとたん、「う～ん……」と頭を抱えてしまうことが多いのではないでしょうか？

でも、矛盾するようですが、私は**日記を書くよりも、「誰かに伝えるために書く」ほうが、自分を発見できる**なあ、と感じています。読んでくれる人がいるからこそ、自分自身でさえ気づいていなかったことを発見し、バラバラに見つけてきたものを統合し、ひとつの真実に近づくことができる……。

日記は、自分自身との対話です。あのとき、どう思って、何を考え、と振り返り、そのときの記憶を綴る。それは、ぐっと自分の内側へ潜っていくような作業です。

一方、**誰かに伝えるために書く文章は、ベクトルが逆で、自分から離れる作業**なのかも、と思います。ふっと浮き上がって、空から自分を眺める作業と言いますか……。もちろん、伝える文章を書く前には、自分の内側を掘る時間が必要です。でも、その掘って見つけたものを手にした後に、それを畑の脇に置き、す〜っと視界を広げて、畑全体を、森全体を、村全体を見ないといけないように思うのです。つまり、自分が見つけたことを、みんなでシェアできる形に変換する必要があるということ。

ブログやエッセイが自慢話に終わらないように

ブログやエッセイなどを読んでいて、いちばん疲れるのは、書き手の思いが強すぎて、「私は、こんなすばらしいことを見つけました！」と自慢話になっている場合。そうなると、読み手はとたんに心のシャッターを下ろしてしまいます。

「この感動を、この発見を伝えたい！」。そう思ったら、まずはそこから「私の主張」を消す作業が必要です。もちろん「こういう人に会って、こんな話を聞いて……」という個人の経験や実感は、文章にリアリティを持たせてくれます。ただ、「私の体験」だけを書き続けていると、その文章はずっと「書き手」のもので、「読み手」に手渡すことができません。

そんなときは逆に「私」を、「みんなの代表者」という役割で登場させてみるのもひとつの手。自分に自信がなかったり、いつも時間に追われて忙しがっていたり、人に心を開けなかったり。みんなもこんなこと感じているんじゃなかろうか？　と想像力を広げて、そんなみんなの代表者として、文章の中に「私」を登場させる……というイメージです。

「外の音、内の香」で、作詞家の湯川れい子さんのインタビューを読んで考えたことをブログに書いたときには、こんな感じでした。

外の音、内の香 2020年12月11日

先日「日経ARIA」というサイトで、湯川れい子さんのインタビューを読みました。

テーマは「年下に好かれる人が実践する7つのこと」。

84歳になってもキラキラと輝いて、多くの年下世代から慕われている……

そんな湯川さんの「ともだちのつくりかた」です。

何度もここに書いているけれど、
私は明るく閉じているので、自分でも友達が少ないなあと思っています。

そして、「いっぱい友達が欲しい〜」とも思っていません。

（中略）

いちばん心に残ったのは「面倒くさがらずに世話役になる」ということ。

「自らが楽しんで企画して、自らが動く。面倒がらずに『場』を主宰するという役割を買って出る」ことが大事なのだとか。

ああ、これ苦手だなあと思いました。

誰かがお膳立てしてくれた集まりに顔を出したりはするけれど、
自分で考えて、お店を決めたり、人に連絡をしたりするのは
本音を言えば、「めんどくさ〜い！」と思ってしまう……。

「私」をみんなの代表者にしてみる

この中で「私は明るく閉じている」とか「いっぱい友達が欲しいと思っていない」「お店を決めたり、人に連絡するのは面倒くさいと思ってしまう」というのは、「私の話」ではあるけれど、「きっと私みたいな人、たくさんいるはず」という計算のもとに「私」という役割を背負わせて登場させたものです。

湯川さんのインタビューを読んで、私が本当に感じたことは「私には若い友達っていないよな」「でも、これからは、若い人にいろいろ教えてもらわないと、どんどん考えが古びてしまうよな」「歳をとって孤立して、何もインプットできなくて、『終わった人』になっちゃうのはイヤだよな」など……。詳しく書けば、もっと個人的ないろんな心配や不安が渦巻いていて、そこから抜け出すために「ああ、この方法いいよなあ」と思ったのでした。でも、それをすべて書き連ねると、それは私自身の日記になってしまいます。

そこで、**自分からいったん離れ、いちばん伝えたいことは何かな？　と、10個考えた中から、**

事実と読み手の間に立って合いの手を入れる

- 事実の羅列だけだと読みにくい
- 「合いの手」で、どう読んでもらいたいかの意図を表す
- 書く手を止めて、自分の文章の中から真実を拾い出す

事実の羅列だけだと読みにくい

私が主宰しているライター塾で、生徒さんから課題を提出してもらった際、なんだかスムーズに読めないないなあと感じることがあります。どうしてだろう？　と何度も読み返してみて、はたと気づきました。そうか、「合いの手」がないんだ……と。

こんなことがあった、あんなことがあった、と綴るとき、ひとつの文章の中には、いろんな情報がミックスされます。あれもこれもと、事実だけを羅列すると、ブチブチと細切れになった文章がつながっている、という状態になって、読みにくくなります。そこで必要になってくるのが、**「この話」から「あの話」へ移るときに、間に挟む「合いの手」**です。

たとえば、「インタビューをして文章を書く」という課題があります。私のアシスタントをときどき務めてくれる、あやちゃんこと山本綾子さんにインタビューをして、文章にまとめてもらったときのこと。

あやちゃんは、普段私のインタビューデータの文字起こしをしてくれているのですが、さらに学びたいと、校正の学校に通い始めました。生徒さんみんなで、あやちゃんに模擬インタビューをしてもらい、聞いた話に沿って文章を書いてもらいました。上がってきた文章はこんな感じです。

合いの手がない文章

校正者というと、漠然と「大手の出版社や新聞社に勤めて経験を積む」という働き方を想像します。40歳を目前にして、校正者を目指して新たに学校に通い始めるなんて、ものすごい覚悟と勇気が必要なのでは？　そう聞いてみると、明るい声であっけらかんとした答えが返ってきました。「私、年齢とか全然気にしないので！」

綾子さんの社会人のスタートは、看護師としての病院勤務でした。４年間は病院に勤めたものの、極度の緊張を強いられる仕事に疲弊する毎日。自分のやりたかったことではない、という気持ちが次第に大きくなり退職。その後も数年は派遣で看護師を続けましたが、やりがいを感じることはなく、看護師自体を辞める決断をします。

その後結婚を経て専業主婦として過ごしていた綾子さんですが、ここで大きな転機を迎えることに。たまたま読んでいた一田さんのブログに、「誰か文字起こしを手伝ってくれる人いないかな」という、呟きのような一言を発見。未経験にもかかわらず、なぜかピンときてすぐにメールを送ったそう。ダメもとで送ったメールへの返信は意外なものでした。「とにかく一度やってみて!」

3つの段落の事実がそれぞれ別のもので、いろんな話を聞いた後に、それをただつなげただけ……という文章になっています。これだと、スムーズに読むことができません。そこで、合いの手を加えてみるとこうなります。

合いの手を入れた文章

校正者というと、漠然と「大手の出版社や新聞社に勤めて経験を積む」という働き方を想像します。40歳を目前にして、校正者を目指して新たに学校に通い始めるなんて、ものすごい覚悟と勇気が必要なのでは? そう聞いてみると、明るい声であっけらかんとした答えが返ってきました。「私、年齢とか全然気にしないので！」

年齢や肩書きにとらわれず、ただ「もっと仕事の精度を上げたい」という純粋な気持ちだけで、新しい扉を開ける……。その軽やかさは、いったいどこから生まれてきたのか、綾子さんのこれまでの歩みについて聞いてみました。

綾子さんの社会人のスタートは、看護師としての病院勤務でした。4年間は病院に勤めたものの、極度の緊張を強いられる仕事に疲弊する毎日。自分のやりたかったことではない、という気持ちが次第に大きくなり退職。その後も数年は派遣で看護師を続けましたが、やりがいを感じることはなく、看護師自体を辞める決断をします。これは、綾子さんにとって、大きな挫折であり、心の痛みになりました。でも同時に、その後の道を決める際、この経験がひとつの「ものさし」となったことも事実のよう。

その後結婚を経て専業主婦として過ごしていた綾子さんですが、ここで大きな転機を迎えることに。たまたま読んでいた一田さんのブログに、「誰か文字起こしを手伝ってくれる人いないかな」という、呟きのような一言を発見。未経験にもかかわらず、なぜかピンときてすぐにメールを送ったそう。ダメもとで送ったメールへの返信は意外なものでした。「とにかく一度やってみて！」

「合いの手」でどう読んでもらいたいかの意図を表す

「合いの手」とは、つまり「まとめの言葉」です。事実を伝え、「それってこういうことですよね」とまとめて、次へつなげる言葉をプラスする。**事実がよりよく伝わるように、書き手が事実と読み手の間に立って、道先案内人になる**というわけです。この「合いの手」によって、文章をどういう気持ちで読んでもらうかが、ずいぶん変わってきます。

同じ事実でも、人によって捉え方は違います。その事実からどんな「真実」を見つけ出すかは人それぞれ。たとえば、前述の文章で、校正を学び始めたあやちゃんの姿を、私は「軽やか」と書きました。でも、人によっては、「勇敢」と捉えるかもしれないし、「強さ」と言うかもしれません。

ここであえて「軽やか」という言葉を使ったのは、その後に続く文章から考えたものです。かつて看護師時代に挫折を経験し、専業主婦になってやっと「私にもできることがあるかもしれない」と一歩を踏み出した。そんな経緯があるからこそ、今「やってみなくちゃわからない」と思えるようになった。そんなプロセスの先にある今だからこそ「軽やか」になれた。という意味を含ませています。

こう考えると「合いの手」は、**書き手がこの文章を「どんなふうに読んでほしいか」という思いの表れ**だということになります。自分が事実をどう捉え、そこから何を感じ、何に気づき、どう考えたか。それを文章の中に隠しスパイスとして少しずつ注入する。そんな「合いの手」が上手に使えるようになると、自分の姿を隠しながらも、伝えたい方向性を行間に埋め込むことができるようになると思います。

書く手を止めて、自分の文章の中から真実を拾い出す

効果的に「合いの手」を入れるために必要なことは、まず文章を書いていた手を止めて、いったん「書きたいこと」から離れてみること。全体を俯瞰《ふかん》して眺め、どういう文章の流れになっているかを観察してみます。その上で、「ここにはつなぎの文章があったほうがわかりやす

いよな」と思う箇所をピックアップします。

次に、「どうつなげばわかりやすいか」という「つなぎの文章」を考えます。前後の文章を読み、そこでは何を伝えたかったのか、自分で自分の思いをまとめてみます。すると、文章と文章の間に沈んでいた意図が浮かび上がってくるはず。「そっか、私はこういうことが言いたかったんだ」と、自分の文章の中から自分で発見する、といった感覚です。例文でいうと、私が引っ張り出したのは、「あやちゃんが看護師時代に味わった挫折は、実はその後の人生を歩んでいく上で『ものさし』となった」ということでした。

実はこの「真実」を見つける作業こそが、文章を書く醍醐味《だいごみ》だなあと思います。事実を誰かに伝えるために書き始めたけれど、その事実の中で、私は何を見つけたんだっけ？　そう問い直したとき、いつも考えているより、もう一段深いところにある意識を掘り出すことができる……。ほんの数行の「合いの手」ですが、そこに書き手の本当の姿が透けて見えるように思います。

文章のリズムをつくり読み手の想像力をふくらませる

- 文章のリズムによって、読む人の想像力をふくらませる
- 効果的に擬音語を使う
- 文末の結び方でリズムをつくる

文章のリズムによって、読む人の想像力をふくらませる

ひとつの文章を書き終わった後、必ず最初から読み直します。そのとき、実際に声は出さないけれど、音読しているようなつもりで読みます。するすると読める文章には、必ずリズムがあると思うので……。

原稿を入稿する際に、ときどき編集者が手直しをしてくれることがあります。そんなときには、初稿という確認用のゲラが出てきて、チェックすると、必ず「ムムッ?」と引っかかります。手直ししてくれたところだけが、自分のリズムではなくなっている……。

私が書いた文章

晩ごはんの後、ウォーキングに出かける、という人のお話を聞きました。「よさそうだな」と思ったら、すぐ真似をしてみるワタクシ。さっそく真似して夜出かけてみたら、歩き出したとたん、頭の上には星がまたたいていました。いつもはテレビを見ながらダラダラ過ごし、あ

っという間に寝る時間。なのに、一歩外に出るだけで、そこには夜空があった……。

編集者が手を入れた文章

晩ごはんの後、ウォーキングに出かける、という人のお話を聞きました。さっそく私も真似をして出かけてみたら、歩き出したとたん、頭の上に星がまたたいていることに気づきました。いつもならテレビを見ながら過ごしているうちに寝る時間……。なのにその日は一歩外に出ただけで、そこには夜空があったのです。

内容はほとんど変わらないし、意味は通じるので、どちらでもいいと言えばいいのですが、やっぱり私は自分のリズムで書きたい。それは、文章のリズムによって、読む人が自分の想像力をふくらませてくれると思っているからです。

いつも、自分が体験したことを思い出しながら文章を書きます。実際に夜、玄関をガラリと開けて歩き出し、すっと視線を上に上げて、夜空を見上げたことを思い出しながら書くわけです。その臨場感を伝えるには、文章によって刻まれるリズムが必要だと思うのです。「頭の上に星がまたたいていることに気づきました」と書くよりも、「頭の上には星がまたたいていました」と書くほうが、読む人が、一緒に夜空を見上げてくれるような気がします。

効果的に擬音語を使う

リズムをつくるには、いくつかのポイントがあります。ひとつは効果的に擬音語や擬態語を使うこと。あまり使いすぎると幼稚な印象の文章になってしまいますが、効果的に使うことで、文章が生き生きとし始めます。

たとえば「豆を煮る」というのと「豆をコトコト煮る」というのでは、浮かんでくる情景が違います。書きたい情景を思い出しながら、耳を澄ませてみて、聞こえてくる音を書く……。その音は、自分の心を反映していることが多いように思います。

擬音語や擬態語を入れて書いた場合

1. 澄んだ空気の中で凛と立つ木々を見上げると、厳しい寒さゆえに、心がじゃぶじゃぶ洗われるようで、清々しい気持ちになります。

2. たかが物の整理ですが、人生のある時期にカチリと当てはまってこそ「よし！」とスイッチが入るのだと思います。

3. まずは、最もそばにいる夫に、今年こそはプンプン怒らない練習から始めようと思います。

これら3つの例文は、き〜んという冷たい空気の中にたたずんだ気持ちを「心がじゃぶじゃぶ洗われる」と書き、気づいたこと同士が「カチリ」と結びついた快感を書き、夫に対する態度を「プンプン怒らないように」と描写したもの。

この文から「じゃぶじゃぶ」「カチリ」「プンプン」をなくしてしまうと、文の瑞々しさがずいぶん損なわれてしまうように思います。

文末の結び方でリズムをつくる

もうひとつ、リズムをつくる要素に、文末の結び方があります。ライター塾で多いのは、すべての文が「です」「ます」で終わっている場合。これだと全体を読んだとき、まじめすぎるおもしろみのない、説明一辺倒な文章に感じられてしまいます。

そんなときには、どこかに**体言止め**を使ってみたり、**語尾を少しずつ変化**させたりします。

「ですます」だけの文章

「小麦屋」という古い小さな一軒家を改装したパン屋さんがあります。お店の定番は、大人の握りこぶしほどのころんとした丸パンです。国産小麦と天然酵母を使ったパンは、ふっくらしているけれど、食べるとしっかりお腹にたまります。店主はパン作りから販売まですべてを一人でこなしており、午前中には売り切れてしまうこともあります。丸々としたパンに、おっとりとした店主の人柄まで感じられます。

文末を変えた文章

「小麦屋」という古い小さな一軒家を改装したパン屋さんがあります。お店の定番は、大人の握りこぶしほどのころんとした丸パン。国産小麦と天然酵母を使ったパンは、ふっくらして食べごたえたっぷり。店主は女性。パン作りから販売まですべてを一人でこなしており、午前中には売り切れてしまうことも多いそう。丸々としたパンに、おっとりとした店主の人柄まで感じられるようです。

後の文章のほうが、読み進めるうちにリズムが刻まれ、ころんとした丸パンが目に浮かび、どっしりとした天然酵母ならではの食べごたえが口の中に感じられます。

文章のリズムというものは、平面で読む文字の世界から、立体的な映像を立ち上げるためのしかけなのかもしれません。それを確認するには、書いたものを口に出してみるのがいちばん確実。ブログやSNSなどの短い文章でも、一度声を出して読んでみることをおすすめします。

09

「言いたいこと」を羅列せず、ワクワク読める物語をつくる

- 場面が、あっちこっちへと展開する文章はおもしろい！
- 構成＝物語をつくることが大事

場面が、あっちこっちへと展開する文章はおもしろい！

いろいろな人のブログを読んでいて、「あ〜、おもしろいなあ」とすいすい読み進めるものと、すごく熱く語っているのだけれど、なぜか読みづらく、途中で読むのをやめてしまうものとがあります。この違いはいったいなんなのだろう？　と考えてみました。

私は、ライフオーガナイザーの鈴木尚子さんのブログが大好きで、よく読ませていただいているのですが、長めの文章でも、するっと読めてしまいます。そこで、改めてよ〜く観察してみました。すると、わかってきたのは、場面があっちこっちへと移動する、ということ。

ある日のブログはこんな感じでした。

SMART STORAGE!　2020年12月15日

少し前の私は、予定を詰め込むだけ詰め込み、真っ黒になったスケジュール帳と格闘し、時間に追われてイライラしていた……。

だけど、仕事量は、正直格段に増えているのに、達成できていることが多く、
それでいて余裕があるのは自分でもびっくりする。
ここ1週間は、息する暇もないほど（笑）
年末で予定が詰め込まれている。詰め込んでいるのは経営者である本人が悪い、
1人ブラック企業と私は息子に言われている（笑）
（中略）
朝は、お弁当3人分作って、朝ごはんも作って、夜ご飯も作って、合間に、
花の手入れをしている自分に驚く……。
一年前までは、時間を奪われる植物の手入れをしたくないと、家に花も葉もないことが多かったのに……。
なんだか心地よいと感じる時間に。
（中略）
5年前と比べ、怒る、焦る、慌てるということがほとんどなくなりました。
時間のオーガナイズ、手帳管理、行動計画

このおかげだと思います。

過去の話から始まって、次に今の仕事の話になったと思ったら、場面がパン！と自宅へと切り替わり、家事の合間に花を生ける余裕までできたこと、そして最後にそんな時間管理ができるようになった理由を明かし、次回の手帳講座への案内が続く……。

この「あっちこっち」感が、読んでいて楽しいのです。ドキュメンタリーを見るように、画像がパンパンと小気味よく切り替わり、ワクワクして読み進めることができます。それなのに、文章がバラバラにならず、それを串刺しにする「時間管理」という理念がちゃんと通っているところがすごい！

構成＝物語をつくることが大事

逆に読みづらい文章は、自分が体験したこと、聞いた話、考えたことなどの「説明」がズラズラと並んでいる場合がほとんど。文章全体が説明の足し算になると、いくらいいことが書いてあっても、読むことに疲れてしまいます。

つまり、ブログのように、ある程度長さのある文章では、ひとつひとつの文に何が書いてあるかより、「構成」が大事ということです。**読み手を引き込む「構成」とは、「物語がある」ことじゃないかなあと思います。**つまり、「こうして、ああなって、今度はこうなって、最後にはこうなった」という起伏があるということ。時間が交差したり、場面が変わったり、具体的なことと抽象的な内容が混ざったり……。

そんな「流れ」を生み出すためには、文章ができ上がって最初から読み返してみるとき、「一箇所に留まりすぎていないかな?」と点検してみるのがおすすめ。もし、ずっと同じ場所にいるような文章であれば、合間にちょっと違う場面を差し込んでみます。

先日書いた私のブログの場合はこんな感じでした。

外の音、内の香 2020年12月18日

昨日、とあるキャスターの方のインタビューを聞きました。するどい切り口で、相手に質問をして、素晴らしいエピソードを引っ張り出す、インタビューの名手です。

その方曰く。「その人にしか語れない言葉を聞くことが、何よりの喜びです」。
そうそう、そうだった……。私もずっとそう思っていたのでした。
なのに、いつもいろんな人に話を聞きに行くことが当たり前になっていて、
その「喜び」を味わうことを忘れてた……。
会いたい人に会いにいけるなんて、すごく幸せ。
その人に、聞いてみたいことを質問できるなんて、なんて素晴らしい機会でしょう！
そして、リアルにその方が語られる言葉をこの耳で聞くことができるなんて！
よ～く思い返してみたら、ライターとしてこんなに幸せなことはないのです。
なのに、すっかり当たり前になって、マヒしてしまって、
素晴らしい機会を「素晴らしい」と味わうことを忘れてた！
この機会に、もう一度それを思い出したら、なんだかワクワクしてきました。
私って、すご～く面白いことを手掛けてるんだ！って……。

このことを言いたかったのですが、ちょっとまじめすぎて、いきなり書くには文章が重い。

そこで、こんなエピソードを文章の前にプラスしました。


我が家のリビングのチェストの上に、井藤昌志さん作の、小さなオーバルボックスがあります。

が！

それが、そこにあることすら忘れていました。

（中略）

ゴソゴソと中のものを出してみると……。あのとき買った、ユニークな顔のブローチ、ミュージアムショップで買った指輪など、「ああ、これ好きだったんだよなあ～」と思うものがあれこれ出てきました。

わあ、これこの季節からコートの襟につけるのにぴったりじゃん！　しばらく指輪していなかったけれど、してみようかなあ～。とひとりでにんまりしておりました。


本当に言いたいことを書く前に、ちょっと「寄り道」してから、また本筋に戻ってくる……。

この二重構造をつくることで、読んでくれる人は、小さな箱からブローチが出てきた場面を想像しながら、自分にとっての「忘れていたもの」は何かなあ？　と想像力をふくらませてくれるんじゃないかと思います。そして、読者も「あっちこっち」を一緒に体験することで、「お得感」を感じられる……。

もしかしたら、「いい文章」を書くことより、「ワクワクとおもしろく読める」読書体験を演出することのほうが大切なのかも、と思うこのごろです。

「当たり前」の奥に潜む「当たり前でない」言葉を引きずり出す

✎耳あたりがいい言葉に注意
✎「当たり前」なことは書かない

耳あたりがいい言葉に注意

女性誌や、ナチュラル系のライフスタイル誌に文章を書くときに、無意識に使いがちな言葉があります。「○○は素敵です」「ゆったりとした時間が○○」「丁寧な暮らしには○○」など。つい便利だから使ってしまうけれど、どこが素敵なの？　どうゆったりしているの？　丁寧って何？　そう突っ込まれると「えっと？」とわからなくなってしまうことが多いよう。美しくて、耳あたりがいい言葉ほど、要注意。何も考えないまま使ってしまいがちです。

一度文章を書いたら、もう一度読み返し、「それってどういうこと？」を自分で自分に突っ込みを入れてみるのがおすすめです。つまり、きれいな言葉に頼って、実は「わかっていない」ことを書いていないかどうかをチェックするということです。

私も、原稿を書きながら、読み直して「どうして、私はこう書いたのだろう？」と考えてみると、「あれれ？」とわからなくなり、また振り出しに戻ってしまうことがよくあります。でも、これが思考をもう一段深め、もう一段文章をブラッシュアップするチャンスだと思うようにしています。

「えっと、あれを素敵だと思ったきっかけは……」と記憶をたどり、もう一度、自分が体験したことを紐解いてみます。すると、必ず「あそこ」から「ここへ」至る道の途中、**無意識に「すっとばした」部分がある**ことに気づきます。そこに「素敵」や「丁寧」の素《もと》がある。すると、「○○は素敵です」という文を、別の言い方に置き換えることができます。そうやって再発見した言葉を使って書く文章には、より伝える力が宿るのだと思います。

たとえば、50歳以上の女性のためのおしゃれを紹介する『大人になったら、着たい服』（主婦と生活社）に書く文章はこんな感じです。

スリムなデニムにフリルのブラウスを合わせ、ジャケットをヒョイと肩からかけた○○さんの素敵なこと！

ここで、「どう素敵だったのかな？」ともう一度考えてみます。

その上で書き足すとこうなります。

スリムなデニムにフリルのブラウスを合わせ、ジャケットをヒョイと肩からかけた〇〇さん。その姿が格好いいのは、女らしさと男っぽさ、上品さとやんちゃ魂。相反する2つの香りが溶け合っているから。

「素敵」の中身をもう一度紐解くことで、「相反する2つの香りが溶け合っているから」だと気づき、だったら「素敵」より「格好いい」のほうがぴったりだな、と思う……。

そうやってもうひとつ説明を書き加えることで、「そうか、甘辛という異テイストを組み合わせるっていいな」と読者に真似できそうなポイントを提示することもできます。

「当たり前」なことは書かない

ライター塾で書いてもらった文章に対して、申し訳ないと思いながらも「これって、当たり前だよね」という残酷な評価を私はよくします。

書き手がどんなに感動したり、どんなに伝えたいと願っても、その一文を読んだ読者が「どこかで聞いたことがあるよな」「これって当たり前だよな」と感じてしまったら、そこから先、読んでもらうことができなくて、もったいないなあと思うから……。

そんなとき、生徒さんは慌ててそこに書いていた内容を引っ込めて、別のことを書こうとしがちです。でも「いやいや、そのままでいいよ」と言います。つまり、書いてある内容が「当たり前」と言っているのではなく、書き方が「当たり前」だということ。今の文章の「当たり前」の奥に「当たり前でない」ことを見つければいいだけです。


どんなに平凡だと思われる毎日の中にも、その人でないと見つけられないキラリと光る真実があります。**見た目は「当たり前」でも、光の当て方によって、それは宝物になって、誰かとシェアすることができる**……。どう光を当てるか、が「書く」ということなのだと思います。

たとえば、日々の掃除について書く場合。

「当たり前」に書いた文章

ホコリをはらい、掃除機をかけ、拭き掃除を終えて、さっぱりと整った部屋を見ると、ああ、すっきりしたと、心まで整った気分になります。

掃除をすれば、心もきれいになる。これは、当たり前のことです。ここで、掃除をすることの裏に、どんな心のプロセスが潜んでいるか、あちこちから光を当てて眺めてみます。そうして、見つけたことを書き足すとこんな感じ。

「当たり前」の奥を説明した文章

ホコリをはらい、掃除機をかけ、拭き掃除を終えて、部屋をリセットすると、気持ちまで白紙に戻ったようで、さっぱりとします。雑巾を手に体を動かすことで、「手のスピード」でしかできないことを思い出します。すると、急いでいた自分にちょっとブレーキをかけることができる……。部屋は掃除さえすれば、何度でも元の状態に戻ってくれます。そんな「暮らしのゼロ地点」を決めておくと、つい走り出してしまう心を、少し平穏に保つことができる気がします。

特別な体験をしなくても、自分の暮らしを見直して、「いつもやっていること」が、自分にとってどういうことなのか。そう考え、分析することで、書くことを見つけ出す……。それは、誰も気にしないで通り過ぎていた石ころに光を当てるような作業です。

石ころそのものは、どこにでもあるものだけれど、「気づかない」を「気づく」に変えることで、「ああ、そうか！」と膝を打って読んでもらえる文章になる気がします。

文章を書くためだけでなくても、いつも使っている「当たり前」の言葉をちょっと見直してみたら、日々の見方がちょっと変わるかもしれません。

２章
日常の言葉

思いを届けるために言葉にする

- 近くにいればいるほど、思っていることは言葉にしないと伝わらない
- 言葉とは、見えない思いに輪郭をつけてくれるもの

近くにいればいるほど、思っていることは言葉にしないと伝わらない

今まで、私がもらった中で、いちばんうれしかったのは、母からの手紙でした。とは言っても、母が自発的に書いたものではなく、中学校の卒業式の際に、学校側がすべての保護者にサプライズとして頼んでおいたものです。

まったくそのことを知らなかった私は、講堂で突然先生から生徒全員に渡された手紙にまずはびっくり！「なんだろう？」と封筒を開けて、自分の手の中にある見慣れた母の字を読んで号泣したのでした。

そこにどう書いてあったのか、その内容は残念ながらさっぱり覚えていません。でも、自分が愛されて育てられたことを「文字」という形で読み、激しく心を揺さぶられたということだけは、はっきりと記憶に残っています。

実は、母は今でも文章を書くことが大の苦手です。なのに、あんなにも感動したのはどうしてだったんだろう？

近くにいればいるほど、普段思っていることを「言葉」という形にして送る、という機会は少ないものです。大切に思っているのは当たり前で、わざわざ言う機会なんてない……。でも、私はあの母にもらった手紙によって教えられたような気がします。**思いは言葉にしないと届かないって……**。

同時に言えるのは、人の心に響くのに「上手な文章」にする必要はないということ。私は日々いい文章を書くにはどうしたらいいのだろう？　と四苦八苦しているというのに……。仕事やSNSで書く文章と、日常の中で誰かに思いを伝えようとする文章は、ちょっと質が違うのかもしれません。

言葉とは、見えない思いに輪郭をつけてくれるもの

最近では、メールやLINE、ダイレクトメッセージなどさまざまなツールが揃い、お礼やちょっとした気持ちを伝えるハードルがぐんと低くなりました。

私が新著を出版する際、お世話になった方や知り合い、読んでもらいたいなと思う人に献本をします。20〜30人にはお送りするでしょうか。その中でいつもいのいちばんにメールをくれるのがスタイリストの伊藤まさこさんです。

『うちでごはん』（扶桑社）をお送りしたときには、こんな感じ。


おはようございます。

新刊届きました！

いつもお気遣いいただきまして、ありがとうございます。

今朝、一気に読みました。

最近、仕事以外で誰かの家に行く機会もめっきり減ったので、一田さんちに遊びに行ったような感覚になりました。


『暮らしの中に終わりと始まりをつくる』（幻冬舎）のときにはこんな感じ。

こんにちは。ご本、届きました。

フリーで仕事をしていると、けじめとか区切りを1日の中でつけないとだらだらしてしまうよなぁ…と思います！

今、本読むのっていいですよね。

とくに雨降りの今日みたいな日は！

ありがとうございました。


どちらもほんの数行ですが、伊藤さんらしいさっぱりとしたメールで、なのにちゃんと読んでくださっていることが伝わってきます。そして、毎回「ああ、うれしいなあ～」「ありがたいなあ～」とウキウキしてしまいます。

『大人になったら、着たい服』で毎号取材をお願いしている、兵庫県西宮市のセレクトショップ「パーマネントエイジ」の林夫妻は、取材を終えて新幹線に乗るころ、夫の行雄さんは

Facebookのメッセンジャーで「ご苦労さんでした」と、妻の多佳子さんはＬＩＮＥで「今日も楽しかったです～」と必ずひとこと送ってくださいます。私服をすべて出して撮影スタジオまで運んで……とお二人のほうがクタクタなはずなのに……。新幹線に乗る私の姿を想像して「ひとこと」を送ってくださる心遣いに、毎回手を合わせたくなります。

そんなメールやメッセージは、なくてもまったく困りません。あったらいいけど、なくてもいいもの。でも、ほんのささいな言葉によって、その人との距離感までが変わってくる気がします。言葉にしなければ「思い」は見えないまま。だとすれば、**言葉とは、見えない思いに「輪郭」をつけて、可視化してくれるもの**なんだなあと思います。

気持ちを言葉化するには、特別なスキルやテクニックは必要ない気がします。そこで大事になってくるのは、きっと「習慣」なんだろうなあ。「誰かから本を受け取ったら、すぐに目を通して一筆書く」とか、「誰かと一緒に仕事をしたら、必ずひとことお礼を送る」など……。

何かを受け取ったら、言葉で返す……。小さな習慣ですが、そうやって育んだ人と人の関係性は、言葉のない関係より、ぐっと温かいものになりそうです。

ただしお礼を伝えるとき、少し意識したいのが、「社交辞令」にならない、ということ。そのためには「自分らしいひとこと」を添える小さな工夫が必要です。伊藤さんのメールがぐっとくるのは、そこに「伊藤さんらしさ」が含まれているから。

たとえば……。前述の「一田さんちに遊びに行ったような感覚になりました」という一文。これは、かつて伊藤さんが我が家に来てくれたことがあるからこその文です。それを覚えていてくれたんだなあと、文章には書かれていない、「今」につながる時間までを感じさせてくれます。

さらに「本読むのっていいですよね。とくに雨降りの今日みたいな日は」という一文で、私はメールを読みながら、同じ雨空を見上げ、「ああ、この同じ時間に私の本を広げてくれているのだなあ」と感じることができます。

そのあたりの言葉選びがすばらしい！

林夫妻のメッセージは、「お疲れさんでした～」「あざ～っす！」と関西弁丸出しで、いつもププッと笑ってしまいます。

私は、仕事モードだと誰にでも話しかけることができるのですが、普段は「明るく閉じている」性格で、人と積極的に関わることから逃げがちです。でも、思ったことを言葉にすることぐらいならできるかも。そうすれば、今までより誰かに優しくしたり、されたりできそう。

言葉にはそんな、小さいけれど強い力があると信じていたいなと思います。

02

絶対に「お願い」を聞き入れてほしいときこそ本音で手紙を書く

- 手紙を書くことは、相手を大切にする、ということ
- 自己紹介は「一人よがり」にならないように
- 自分の心が動いた理由を伝える

手紙を書くことは、相手を大切にする、ということ

どうしてもこの人を取材したい。そう思うときには、手紙を添えて見本誌をお送りします。今の時代、ホームページからメールを送ることもできるし、取材趣旨は、パソコンで打った企画書でこと足ります。一度会ったことがある人なら電話1本かければ、受けてくださるかどうか、すぐに返事を聞くこともできます。

それなのに、手紙という手段を使うようになったのは、私自身の経験がつながっています。

ある日、ポストを覗くと、知らない方からの封書が入っていました。裏面の名前の上に「暮しの手帖社」と書かれていました。中を開けると、便箋3枚に、それは丁寧な文字で取材の依頼が綴られていました。雑誌『暮しの手帖』で、いろいろな人の「やかん」を紹介するとのこと。ついては、私のやかんの撮影とインタビューをお願いしたいと。きちんと三つ折りにされた便箋を手に、「ああ、私はなんて大切に扱われているんだろう」と思いました。

私も同業だからわかりますが、雑誌を作るのは時間との競争です。しかも、察するにこのページは、1ページに4〜5人を取材するよう。それなのに、一人一人にこんな手紙を送ってくださるなんて！　きちんと前々から準備し、時間に余裕を持って依頼をしてくださったことが伝わってくるようでした。**手紙を書くって、相手を大切にするってことなんだ。**そのことを、肌を通じて感じた経験でした。

以来、「この号で、絶対この人を取材したい」と気合いを入れてお願いするときには、手紙を書くことにしたのです。

自己紹介は「一人よがり」にならないように

書き始めは、まずは自己紹介から。私が何者でどんな雑誌を作っているかを簡潔にまとめます。ここが長く重たくなりすぎないことがポイント。

自分のことや、自分が作ったものは、ついあれこれ説明したくなりますが、延々と続くと、どうしてもそこに「一人よがり感」が出てしまいます。なので、なるべくさらりと。でも、

「へ〜」と興味を持ってもらえるように。このさじ加減が難しい！　たとえば、『暮らしのおへそ』の紹介なら、こんな感じです。

この本は、いろいろな方の暮らしの習慣を「おへそ」と名付け、「習慣」からその方の生き方、暮らし方を紹介する、というものです。

自分の心が動いた理由を伝える

その上で、どうして「あなた」を取材したいのかを書きます。

このとき、事務的に理由を羅列するのではなく、どうやってその人を知ったかのきっかけや、その人の映画を見たり音楽を聞いたり、本を読んで、どんなところで心が動いたのかを、なるべく具体的に書きます。たとえば『暮らしのおへそ』Vol.30で取材した、ジャズピアニストの小曽根真さんにあてた手紙にはこう書きました。

小曽根真さんへの取材依頼

クリス智子さんのラジオ番組で、小曽根さんがご自宅からライブ配信をされていると聞き、さっそく拝見しました。非常事態宣言中、どこにも出かけられず、誰にも会えない。そんな不安の中、毎晩9時になったらパソコンの向こうから「welcome to our living room」と小曽根さんと奥様の三鈴さんの声が聞こえ、その後繰り広げられるピアノの調べに、本当に心慰められました。

きっかけについて書いた後、「この本にはどうしてあなたが必要か」という「接点」を書きます。ここが腕の見せ所。自分が手がける本のテーマに、その人らしさがどうリンクするのかは、よくよく考えなければいけません。小曽根さんにはこう書きました。

私はジャズに関してほとんど知識がないのですが、ライブ配信を毎日拝見し、小曽根さんの手から音が生まれていく現場を見せていただいた気がします。ジャズの「即興」ってこういうことなんだ、と初めて知りました。そして、小曽根さんの手には、今まで聞かれたり、弾かれた「音」が詰まっていて、そこから新たなアレンジが立ち上がってくるんだと感じました。今まで小曽根さんは、どうやってその「音」を自分のものにしてこられたのか、そんな「おへそ」＝習慣について、お話をうかがってみたい、と考えた次第です。

この文章を書くには、ある程度「腹を括る」ことが大事です。

有名な方や、その道のプロフェッショナルに対しては、つい自信がなくて、逃げ腰になり、当たり障りのないことを書きがちです。「自分が感じたことなんて、なんてちっぽけなんだろう」「こんな感想書いて大丈夫かな」と思ってしまう。でも、ここでいかに「自分を出す」かが、相手の胸に響く手紙になるかどうかの境目だと思うのです。

これは、私自身が取材依頼を受けるようになって、改めて感じるようになったことです。20代の駆け出しの編集者から、メールや手紙をいただくとき、本当に私の本を読んでくださって「あなたのここが知りたい」と自分の言葉で綴ってくださると、やはり胸を打たれます。それが、経験が浅くて多少トンチンカンな文章でも、その誠意は伝わってくるもの。**自分にし**

か書けない手紙を書く。それが、相手を口説き落とす最大の力となると思っています。

私の場合は取材依頼ですが、友人や先生に協力をお願いしたり、初対面の人に何かを教えてほしいと伝えたり……。「どうしても、口説き落としたい」という思いが強いほど、こちらの希望を相手が受け入れてくれるかどうか、がいちばん気になるところです。

でも、「相手に気に入ってもらえるように」ばかり考えて文章を書くと、「どうして、あなたにお願いしたいのか?」というこちら側の気持ちがどんどん薄まってしまいます。だから、「受け入れてもらえないなら、それはそれで仕方がない」と腹を括って、本音で向き合います。

今までの経験上、この方法のほうが、成功する確率はぐんと上がる気がしています。依頼の手紙を書く度に、「私はどうしたいの?」と自分自身に向き合っている気持ちになります。

の音、内の香
The portal site organized by Noriko Ichida
ichidanoriko.com

血の通ったお礼のメールを書く

私とその人にしかわからないことを書く

私とその人にしかわからないことを書く

ライター塾の後や、「おへそ的、買い物のすすめ展」などのイベントが終わったとき、スタッフが集まる会議のあった翌日、朝起きると「ありがとうございました」というメールがたくさん届いています。

その書き方は人それぞれ。1通ずつ開封して目を通しながら、「わあ、うれしいなあ」と思うメールには、共通点があることに気づきました。それが、「私とその人にしかわからないこと」が書いてあるかどうか。

左記のような、とても礼儀正しい、流暢なメールをいただくことがあります。でも、残念ながらするっと読めてしまって心に残らない……。

このたびは大変お世話になりました。コロナの状況がまだまだ不透明ななかご参加いただいたこと、準備段階から快くご協力いただけたこと、感謝の気持ちでいっぱいです。いつもとは状況が違いましたが、新しい試みにトライできたイベントだったなあとうれしく思っています。我々も不慣れな部分が多くご不便、ご迷惑をおかけしたことがあったかと思います。次回に生かしたいと考えていますのでお気づきの点などぜひお知らせいただけたら幸いです。

対して、ある方からは、こんなメールをいただきました。

今回は、大変お世話になりました。いつもと違う状況下での様々なご対応に感謝申し上げます。ありがとうございました。一田さんの出展者に対する説明が優しくて、心を動かす大きな力になったと思います。「やったことがないこと」ってすばらしかった！です。体型維持これからもがんばってください。

これは、コロナ禍でのイベントで試行錯誤をし、「やったことがないこと」にトライしたというスタッフ側の気持ちを、とてもよくわかってくださってのメール。

さらに「体型維持」という部分は、私が筋トレをして体重を少し減らした、というお話をしたので、それを覚えていてくださって、こう書いてくださったのでした。**抜かりのない美しい文章を書くよりも、その人に一歩歩み寄った文章は心に染みます。**

こんなふうに心に届くメールを書くときのコツは、その人と過ごした時間を振り返ってみることじゃないかなあと思っています。なるべく、具体的に、ディテールまでを思い出してみます。その人は、どんな服を着て、どんなものを持っていて、どんなことを話したか。その中から強く心に残っていることをピックアップします。

拾い上げることは、ほんのささいなことであるほど、気持ちが伝わるように思います。「あのとき、いただいたキャンディー、疲れた体に染みました～」といった具合です。たった1個のキャンディーのことが忘れられない。そんなエピソードは、私とその人しか知らないことです。だからこそ、二人にしか通じない「何か」がそこに立ち上がります。

そんなメールの中で、できれば避けたい言葉があります。それが「素敵でした」「すばらしかったです」といった、何にでも使える言葉。せっかく、ディテールを思い出して書いても「あのとき着ていらした長め丈の白シャツ、素敵でした」とまとめたとたん、どうしてもお世辞のように読めてしまうのです。

おすすめは、**そこに「自分」を入れること**。「あのとき着ていらした長め丈の白シャツ、私も欲しいと思いました」といった具合です。一般的な感想でなく、「私」の感想にすると、相手との距離がぐんと縮まる気がします。

メールは手紙と違って、すぐに相手に届くもの。だからこそ、「お礼の気持ちが冷めないうちに」という時間感覚が大事です。私も、「今はバタバタしているから、あとでゆっくり書こう」と思いながら、メールボックスの受信記録が、下へ下へと見えない位置になっていき、やがて忘れてしまう……なんてことはしょっちゅう。自戒も込めて「すぐに」送ることを心がけたいなと思っています。

たぶん、時間をかけなくても、急いで書いても、多少文章の辻褄《つじつま》がおかしくてもいいんだと思います。一緒に見て、感じたものを忘れないうちに、感じたままに「できたてほかほか」の状態で書く。そこに「文章を練る」時間がなくても、ちょっと気をつけるポイントを押さえるだけで、「ああ、うれしいな」と思ってもらえるメールになると思います。

えることで、メールが「業務連絡」から、コミュニケーションのツールへと変換されます。仕事の連絡をするのだけれど、ちゃんと顔の見えた「あなた」と「私」のやりとりになる……。そんな気がしています。

思わせぶりな表現を避ける

私がメールを書くときに、いちばん気をつけていることは、**「返事を期待した終わり方にしない」**ということです。もちろん、仕事上でスケジュールの都合を聞いたり、校正をお願いしたりと「お返事お待ちしております」ということは多々あります。今回は、そんな「用件」とは別のところにあるお話……。

ひとつ目は相手が、「わあ、すごいですね～」「素敵ですね～」と言わざるを得ない状態にしないということ。

たとえば、季節の挨拶と共に、「私は先日小豆を煮て、ぜんざいを作りました。やっぱり自分で作るとおいしいですよね～」といった具合に、「自分のこと」を書くことがあります。ひとことならいいのですが、「私のことわかってオーラ」が出すぎるのに注意。自分のことを書くのは楽しいので、つい書きすぎてしまうもの。でも、相手にとっては、「私が小豆を煮た」ことなんて、大して興味がないのです。

あれこれ自分のことを綴ると、相手は「おいしそうですね～」と反応せざるを得なくなります。それはたぶん、相手にとってあまり心地いいこととは思えないのです。「あれ？　これって相手の人が読んだらどんな気持ちかな？」と一歩引いて考えることが大事だなあと思います。

2つ目は、自分の感情を相手に放り投げたままにしない、ということ。つまり相手の返事を期待した「思わせぶり」な文章を書かないということです。たとえば、左記の文章は、1が思わせぶりなメール。そこに言葉を補ったのが2のメールです。

1．私はそれがあまり好きではありません。でもみなさんがいいと思うのなら、私の意見なんて、とるに足りませんよね。

2．私はそれがあまり好きではありません。でも、みなさんがいいと思う理由もわかる気がします。もし、そっちになっても私は納得できるので、みなさんで決めてください。

1のように書いてあれば、「いやいや、だったら」と返事をしなくてはいけません。**自分の感情を自分でも整理できないまま、相手に投げてしまうのは迷惑なだけ。**

2のように、きちんと言葉を補って説明すれば、相手は「じゃあ、こっちにさせていただきます」と言うことができます。無意識のうちに「こう言ってよ」と相手に気持ちを押しつける書き方をつつしみたいなと思います。

相手のために使った時間が行間から溢れ出る

「自分の出し方」をコントロールできるようになったら、次に読んでくれる相手に対して、一歩踏み込む言葉について考えます。

メールに限らず、コミュニケーションには、「相手のために使った時間」が大事だと思っています。取材先に手土産を持っていくとき、若い編集者に任せると、待ち合わせをした駅ビルでお菓子を買ってくることがあります。「それじゃあ、ダメだよ」といつも私はプリプリ怒ります。手土産とは、「あなたに会うことを楽しみにしていました」という気持ちを伝えるもの。前の日においしいクッキーを売っているあの店まで買いに行った。そんな「あなたのために使った時間」が、その気持ちを語ってくれるのですから。

たとえば、久しぶりに連絡をとる人にメールを送るとき、Instagramで、その人が最近どこに行き、何をしているかをチェックしてみます。そして「ご無沙汰しています」のひとこととともに、「最近では、こんな仕事をされているんですね」とか「あの料理、私も作ってみたいです」と、相手に寄り添うコメントを入れる……。相手にはきっと、「ああたぶん、インスタをチェックして、このことを書いてくれたんだな」とわかるはず。

よく会う相手なら、「昨日はお疲れ様でした。大変だったね」とか、「先日の旅行はどうでしたか?」とひとこと添えてみます。**たったひとことでも、「あなたに対して私は興味を持って**

いるんですよ」と伝えてくれると思うから。たかがメールですが、小さなひとことが、用件を伝えるだけではない役目を果たしてくれます。

相手に無駄な時間を使わせないメールの形

「無駄を省く」という引き算の心遣いもあります。仕事仲間で、毎回とても丁寧なメールをくださる方がいます。季節の挨拶はもちろん、仕事の用件も、とても丁寧な文章で綴ってくださいます。でも……。結論にたどり着くまで時間がかかる！　用件だけ書けば、2～3行で終わるメールが、10行近くあると、読むだけでひと苦労です。

「相手に無駄な時間を使わせない」ということも、大切な視点です。伝えたいことを、明確に簡潔に書く、ということはとても大事。

メールの場合、「改行」がとても有効です。余白があると、書いてあることがビジュアルで目に入ってきます。トピックごとに段落が区切ってあると、読みやすい。全体のレイアウトを考えながら、「ひと目でわかる」ようにまとめることも、心遣いのひとつだと思います。

もちろん仕事で忙しいと、用件だけのメールをやりとりすることも多くなります。でも、朝パソコンの前に座って、1通目のメールを書くとき、緊急事態宣言のことを思い出します。ふ～っと深呼吸をしてキーボードに手をのせて。

小さな言葉が届けてくれる力は、意外にすごいのだと思います。

お詫びの手紙はストレートに書く

- お詫びには、自分の感情を入れすぎない
- 言い訳を一切しない手紙を
- 自分の言葉で書く
- 大事なのはスピード感

お詫びには、自分の感情を入れすぎない

自分では思ってもいなかった理由で誰かを傷つけてしまったり、こちらの不注意で迷惑をかけたり。そんなときに書くお詫びの手紙は、どう書けばいいのか毎回悩みます。私が気をつけているのは、理由を説明しすぎないこと。

たとえば、雑誌の中でお店の営業時間や電話番号を間違えてしまった、などの場合は、素早くリカバーする方法を考えます。ウェブサイトに訂正記事を載せたり、編集部に問い合わせの電話がかかってきたときの対応をお願いしたり。きちんと謝るとともに、こちらがどう対処するか、そのことを明確に伝えるのが、お詫びの手紙の大きな役割となります。

こういう場合には、「私の不注意でなんてことをしてしまったんだろう！　と心より反省しております」といった、感情を入れた文章は避けます。

「申し訳ない」という気持ちをお伝えすることは必要ですが、「間違えてしまって私がどう思っているか」は、相手にとっては関係ないこと。ともすれば「こんなに反省している私をわか

って」という文章になりがちなので、**あえて冷静になって手紙を**したためます。

言い訳を一切しない手紙を

小さな嘘が相手にバレてしまったり、何気なく第三者に「あの人の欠点は……」と話していたことが、回り回って本人に伝わってしまったり、自分ではよかれと思ってしたことが、実は相手の負担だったり……。自分がしたことがいかにひどかったか、気づいたときには、足もとがガラガラと崩れていくような、ぼう然とした気持ちになるもの。

そんなときに書く手紙は、とにかく素直になることが大事かと思います。伝えることは、「本当にごめんなさい」だけです。ここで気をつけたいのは、言い訳を一切しないこと。手紙を書くとなると、どうしてあんなことをしてしまったのか、つい説明したくなります。

私も何度かお詫びの手紙を受け取ったことがあります。その際、心を打たれたのは、やっぱりシンプルな手紙です。

あれこれ説明しすぎると、**どうしても「自分を正当化している」印象を与えてしまいます。**

たとえ相手を傷つけるつもりなんて1ミリもなくて、そのことを伝えたいと思っても、「私は、そんなつもりなんかじゃなかった」と説明することはしないほうがいい。それよりも、「心から悪かったと思っています」と書くほうが、心を伝えてくれると思います。

自分の言葉で書く

お詫びの手紙は「上手に書く」という必要はないのだと思います。ただし、気をつけたいのが、自分の言葉で書く、ということ。インターネットで検索してみると「お詫び状の例文」などもありますが、それを丸ごと引用しても、まったく気持ちは通じないし、逆に「なんだ、この紋切り型の手紙！」とかえって不快感を与えてしまうことも……。

紋切り型の手紙

このたびは、お約束の書類をお送りすることを失念しており誠に申し訳ございませんでした。本件につきましては、編集部内の伝達ミスによるもので、深く反省しております。今後このようなご迷惑をおかけすることがないよう、細心の注意をはらい業務に取り組む所存です。このたびは多大なるご迷惑をおかけしたこと、重ねてお詫び申し上げます。

自分の言葉で書いた手紙

このたびは、お約束の書類をお送りするのをすっかり失念しており、本当に申し訳ございませんでした。首を長くしてお待ちいただいておりましたのに、こちらの手違いで編集部内に止まっていたようです。こちらのミスでお待たせした上、段取りが狂ってしまい、本当に申し訳なく思っております。急ぎ書類を送らせていただきます。心よりのお詫びまで。

大事なのはスピード感

いちばん大切なことは、どんな手紙を書くかより、スピード感です。まずは電話でいち早く非を認め、お詫びしてから、もう一度手紙を書く、という方法がいちばん丁寧かと思います。

よく、直接会話をするのが心苦しくて、最初からメールだけ、あるいは手紙だけ、という人がいます。でも、私はまずはできれば電話をして、直接相手と話すのがいちばんだと思っています。相手が怒っていて、自分が明らかに悪い。このような状況で電話をするのは、とても気が重いものですが、何をおいてもすぐお詫びする。その気持ちが大事だと思います。

その上で、すぐその日に手紙を書き、その日に切手を貼って、その日にポストに入れに行きます。電話だけでなく、後からきちんともう一度手紙を書く。これは誠意を伝える手段です。お詫びの手紙でいちばん大事なことは、誠意を伝えるという、とてもシンプルなことなのだと思います。

３章
「聞く」ことから「書く」ことが始まる

相手の言葉を聞くために自分が黙る

- 「書く」こと以前に「聞く」ことが大事
- その人しか語ることができない言葉を引き出す
- 友達との会話にも「聞くスキル」は有効

「書く」こと以前に「聞く」ことが大事

私の仕事のほとんどは、取材やインタビューで人の話を聞くことからスタートします。「書く」という作業の前には、必ず「聞く」という時間があります。自分の暮らしについて書くときでさえ、いつか誰かに聞いたことがヒントになっているし、出会った人のひとことによって、自分の心がツンと刺激され、その波紋が広がって、あれとこれが結びついていく……。もしかしたら、「書く」こと以上に、自分の外で起こっていることにいかに耳を傾け、自分の内側へ取り入れるかという「聞く」プロセスが大事なものなのかもしれません。

以前NHKの『クローズアップ現代』という番組で、キャスターを務められていた国谷裕子さんが、2011年に「日本記者クラブ賞」を受賞されたときの記念講演の様子を、たまたまYouTubeで見つけました。スピーチのテーマは「インタビューという仕事、その怖さと魅力」。何気なく聞き始めたこの講演に次第に引き込まれ、気がついたら背筋を伸ばして手を膝の上に置き、聞き入っていました。

いちばん印象的だったのは、**話を聞く、ということは『黙る』ということ。相手の言葉を待つということ**。その一例として『クローズアップ現代』で、俳優の高倉健さんにインタビューをした様子が流されていました。

健さんの出演された映画を可能な限り見て、過去のインタビュー記事やご本人のエッセイを読み、万全な準備をしてインタビューに臨まれたそうです。でも、その知識の中から質問を投げかけても、口が重い健さんは、ぼそっとひとこと答えるだけ。そこで、「もう準備したことは全部忘れることにして、私は黙ることにしました」と国谷さん。そして、ひたすら相手の言葉を待つ……。

その人しか語ることができない言葉を引き出す

私も経験がありますが、特に緊張感のあるインタビュー現場の場合、「沈黙」というのは、どうにもお尻がもぞもぞして、怖いものです。やりがちなのが、自分で質問しておきながら、「こうこうですよね？」と相手の先回りをして、自分で答えてしまうこと。相手は「そうそう、そうなんです」と同調はしてくれるけれど、それでは、その人の本物の言葉を聞くことができません。そして相手の本物の言葉を聞けなければ、いい文章を書くことができません。

ましてや国谷さんの場合、テレビだと沈黙の時間は放送事故かと思われる危険性も。でも、そこをぐっと我慢して待つ。すると健さんは、し〜んとした沈黙の後に、ご自身の言葉で話し出してくれたそう。それは、本当に健さんらしい宝物のような言葉でした。

この講演を聞いて以来、私は人の話を聞くときに、意識して「黙る」ようになりました。ときには、相手が「う〜ん……」と答えに窮することもあります。そんなときは気まずいけれど、とにかく待つ。それは、私の「問い」に対して、相手が真剣に考えてくれているという証拠だからです。

どんな人でも、自分のことなのにわかっていないこと、気づいていないことがたくさんあります。思ってもいない質問をされて、初めて「えっと、私って何を考えていたんだっけ？」と自分を見つめ、過去にさかのぼって検証し、答えを探し、「もしかしたらこうかもしれない」とひらめいたら、言葉にして答えてくれる……。つまり、インタビュアーは、相手が「初めて考え、自分の中から答えを導き出す」という現場に居合わすことができるということです。「ああ、そうか！　私ってこういう人間だったんだ」と相手が自分を発見する様子をすぐ横で目撃するのは、何よりも感動する瞬間です。インタビューが終わるころ「今日質問されて、改めて自分のことを発見できました」と言われると、たまらなくうれしくなります。

こうして「黙った後」に「その人でなければ語ることができない言葉」がやってきます。インタビュー中、手を替え品を替え、あちこちの方向から質問し、このきらりと光る言葉を聞いたとき、「あ、書ける」と思います。「聞く」スキルは、「書く」スキル以上に大切なものだと感じています。

友達との会話にも「聞くスキル」は有効

この「聞くスキル」は、文章を書くためだけでなく、友達や見知らぬ人と会話するときにもきっと役立つと思っています。

何人かでおしゃべりしているときに、自分のことばかり話して、人に質問ができない人が意外に多いもの。誰か一人が会話をひたすらリードして、ほかの数人はひたすら聞き役。そんな時間はつまらないものです。

上質な聞き手が集まったとき、誰かがしゃべり、誰かに質問し、また別の人が答えて、3人目の人がまた質問する、という成熟した会話が成り立ちます。すると、その人の意外なルーツを知れたり、深い考え方に共感したり、立場や仕事や家族構成は違うのに、実は同じことを考えていてうれしくなったり……。

自分が黙って、相手の語ることに耳を傾けてみる。そんな意識を持つだけで、相手が与えてくれるものの量がぐんと増える気がします。

こうして誰かに聞いた言葉は、反芻して楽しむことができます。インタビューで、いいお話を聞く最大の喜びは、なんと言っても帰ってから「自分ごととして取り込んでみる」という二度目のおいしさを味わうことができること。「あの人、あんなふうに話してくれたけれど、私だったらどうだろう？」そうやって自分に当てはめて、今までの考え方を更新したり、新たな角度から見つめ直したり。**人の言葉が、明日からの私の生活を新しくしてくれる。**その咀嚼《そしゃく》と消化のプロセスを、また文章で綴ってみる。

「聞いたこと」を、自分が今まで体験したこと、なんとなく考えてきたこと、でもまだモヤモヤとして形が見えていないこと、と照らし合わせ、新しい刺激によって、自分の中にあったもの同士が、どうつながり、新しい発見に結びついていったか。そんな思考の道筋を綴ることで、悩んだり、迷ったり、気づいたり、という体験を、読んでくださる人と共有できるかもしれない……。「聞く」と「書く」のループをつくることが、書き続ける力になる気がしています。

02

雑談上手になって自分の中にない言葉を見つける

- 本題に関係ないことも、あれこれ聞いてみる
- 雑談からぽろりと溢れ出る言葉こそ宝物
- 会話の尻尾を捕まえたら、見えないものが見えてくる

本題に関係ないことも、あれこれ聞いてみる

「取材中に、もう書くことを頭の中でまとめているんですか?」と聞かれることがあります。答えは「イエス」でもあり「ノー」でもあります。

私は人に興味があるので、インテリアや料理の取材でも、本題のほかに、その人がどうやって今のその人になったのかを、あれこれ質問してしまいます。取材の本筋とは離れるので「この人、いったい何が知りたくて来たのかな?」と内心不審がられているかも。もちろん、あくまで相手が「話してくれそうかな?」と様子をうかがいながらなのですが……。

この部屋を選び、家具を揃えた背景には、きっとその人が「このテイストが好きになるまで」の経験がつながっています。この料理を作るために、この素材を選び、この味つけになったのは、その人が今まで食べてきたものがつながっています。だから、「今」につながっているものをできるだけ、全方位的に知ってから書きたい。もしかしたら、聞いたことの95%は、

直接テーマとは関係ないから書けないかもしれないけれど、5％の小さな言葉のはしっこに、「その人らしさ」を書き込めればいいなあと思っています。

雑談からぽろりと溢れ出る言葉こそ宝物

雑談をたくさんしているうちに、「よし、これいただき！」という「宝物の言葉」が、相手の口からぽろりと溢れ出ることがあります。そのひとことを聞いたとき、「よし、これで書ける！」と実感します。ここが、取材して書く文章の醍醐味。

自分のエッセイでは、自分が感じたこと、考えたことを書きます。でも、**「取材」というもののおもしろさは、自分の中にはない「言葉」を分けてもらえること**。その「言葉」には、私の思考回路にはないものの考え方や、感じ方がつながっています。

ただし、いつ、どんなタイミングで「決めのひとこと」が聞けるかは予測がつきません。生い立ちだったり、苦労した話、楽しかったとき、どこかへ旅行した思い出。さまざまなトピックで、あっちから、こっちからと、その人にアプローチしている中で、ふと「そのひとこと」

が出てくる……。だから、あらゆる角度から質問し続けます。

原稿ができると、必ずご本人に送ってチェックをしてもらうのですが、「え〜！　あのたわいもない話が取り上げられるなんて、思ってもいなかった！」とびっくりされることがあります。

数年前、『天然生活』別冊の『暮らしのまんなか』（扶桑社）で、当時東京から福島県へ引っ越したばかりのエッセイスト・長谷川ちえさんを、取材させていただいたとき、本文の始まりはこんなふうでした。

『暮らしのまんなか』Vol.26

「これね、三角油揚げといって、こっちのスーパーではどこでも売っているもの。オーブントースターで焼くのが、カリッと均一に仕上げるコツなんです」

「こっちは三五八。塩、米麹、米が3対5対8で混ざっていて、野菜を漬けるとひと晩でおいしいお漬物ができ上がるんですよ」

今年3月に福島県三春町に引っ越し、まだ数カ月なのに、ちえさんはしっかり近所のパトロールをすませ、新居の台所であれこれ試作中のよう。

結婚を機に、東京で9年間営んだ器と生活道具の店「ｉｎ－ｋｙｏ」を福島に移転。今までは仕事がいちばん、暮らしが二番だったけれど、新しい生活では、その順番を入れ替えて、「暮らすこと」を大事にしたい。そんなちえさんの思いが、三角油揚げを焼くこと、三五八を作ること、の中にぎゅっと凝縮されている……。具体的な日常の描写によって、大事にしていることを、読んでいる人に感じてもらえるはず、と考えたからでした。

暮らしのディテールとその人の生き方、暮らし方を結ぶ「見えない紐」を見つける。それが、書くことの楽しさだなあと思います。日常のさもない風景の裏側から、その人だけが持っている「大事なこと」が匂い立つ。そんな文章を書くことができたら、「私もお揚げを焼いてみようかな」「そうすれば、日々の見方がちょっと変わるかな」と、読む人が自分の生活とリンクさせ、「行動」を起こし、そして心持ちがちょっと変わる、という体験をしてくれるかもしれません。

大事なことを、大仰な顔のまま書いてしまうと、なんだか特別なことのようで、「あの人だから」と文章が「他人ごと」で終わってしまいます。**その人が持つ「真実」を、日常の当たり前の風景まで「分解」する……**。そのために必要なのが、取材中の「雑談」というわけです。

会話の尻尾を捕まえたら、見えないものが見えてくる

私のように仕事で書く文章ではなくても、Facebookやブログなどで、自分が見つけたこと、感じたことを伝えたい場合も、書きたいことを直球で書くのではなく、この「分解」を意識すると、今までと少し違う文章が書けるかもしれません。

さらには「書く」ことが目的ではなくても、誰かと会ったとき、意識して「雑談」の幅を広げてみると、その人との出会いがぐんと楽しくなると思います。私は誰かと話しているとき、目の前で展開される会話は、「その人らしさ」へつながる尻尾だと思っています。みんなたくさんの尻尾を持っていて、その先には「本音」がつながっている……。尻尾をあれこれ引っ張ってみると、あっちの尻尾とこっちの尻尾は、同じ「本音」から生まれたもの、とわかってき

ます。そうやって、ディテールを掘っていくプロセスが楽しい……。

一歩踏み込んだ会話から得たものは、自分の家へと「持って帰る」ことができます。「あの人がこう考えていたこと、私にも当てはまるよな」「今までモヤモヤしていたことが、あの人の言葉でわかった気がする」などなど。

自分の中にはなかった「言葉」で、いつもの考え方が活性化される。それが、言葉のキャッチボールの楽しさだなあと思うのです。

雑談は、言葉の向こうにある「見えないもの」を引っ張り出すためのツール。楽しく、愉快に、でもハンターの視線をしのばせて、雑談を楽しめたらいいなと思います。

相手の答えの中から、次の質問の種を拾う

- 今聞いていることは、決してすべてではない
- そのときでないと語れない言葉がある
- 今の言葉には、「前」と「後ろ」がつながっている
- 相手の答えの中には、その人の人生が詰まっている

今聞いていることは、決してすべてではない

フリーライターになって25年以上になります。その中で、同じ人の元へ何度も取材に訪れることがあります。初めてうかがったころには、お子さんが生まれたばかりだったのに、次に行くころには小学生になって、やがて社会人に。年月の流れる早さに「うわ～！　もうそんなに経ったの～？」と悲鳴を上げることもしょっちゅう。

そして、ときを経てお話をうかがうと、前回聞けなかったことが出てきて「へ～、そんなことあったんだ」「最初はこんな人かと思ったけれど、意外な面も持っていらっしゃるんだなあ」と毎回新しい発見があります。

これは、裏を返せば前回の取材では、その人のほんの一面しか話を聞けていなかったということ。一生懸命取材をして、わかったつもりで文章を書いても、それはその人の一部にしかすぎない。1～2時間話を聞いただけで、その人が歩いてきた道すべてをわかるなんて、とても

無理なのかもしれません。

ここに「取材して書く」ということの限界があります。そんな経験を経て、取材をさせていただくときには、**「決してこれで全部わかったわけではない」と心することに**決めました。そう腹を括るからこそ、そのとき聞けることを精一杯聞いて書こうと、「今できること」に真摯《しんし》に向き合うことができる気がします。

そのときでないと語れない言葉がある

逆に、そのときでないと語れないこともあります。たとえば、引っ越しをしたり、結婚をしたり、仕事が変わったりと、ライフステージが変わったばかりの人に取材をお願いすることがあります。すると、「まだ、変わったばかりだから、もう少し落ち着いてからお願いします」と言われることが多い。もちろん、その気持ちはすごくよくわかるし、「変化したばかり」では、まだ何も「次の一歩」が見えていないかもしれません。

でも……。私自身にもそういう経験があるのですが、「新しい生活を始めてみたけれど、どうなるかわからない」。そんな状態でないと見えない風景があります。不安で、迷って、どっちに行こうかと悩み、足もとが決まらない。そんなヒリヒリとした状態だからこそ、心が敏感になって、いろんなことを感じ、考える。

だから、一度断られた相手には、「今でないと見えないことを語ってくれませんか?」と再度お願いしています。もちろん無理やりにとは言わないし、「それでもちょっと」と言われれば素直に引きます。ただ、「そうかもしれませんね。私も今の状態を聞いてほしいかも」と取材を受けてくださることも多くなりました。

今の言葉には、「前」と「後ろ」がつながっている

こうしてインタビューの経験値が上がるにつれ、**「今聞いている言葉は、すべてではない」**ということがわかってきました。

目の前にいる方が今、語ってくれている言葉には、必ず「前」と「後ろ」がつながっています。そのことを意識するかしないかで、耳の澄まし方が変わってくるように思います。

若いころ、特に女優さんや有名人のインタビューの場合、事前にできる限りその人のことを調べ、何を聞きたいかをリストアップし、その紙を握りしめてインタビューに臨んでいました。まずは1個目の質問をする。その人が答えてくれる。よし、聞けた！　じゃあ、2個目の質問。次は3個目。そうやって話を聞いていました。でも、それでは、相手の話を聞いていることにはならない……。いつからか、そのことに気づくようになりました。

たとえば、ある人が「私は一年中、リネンの服しか着ないんですよ」と語ったとします。その言葉の後ろには、コットンの服を着ていらした時期があり、リネンの服との出会いがあり、そのよさを実感したある日があり、リネンの服をまた買いに行く時間があり、それを洗濯して手入れする手間があります。

「私は一年中、リネンの服しか着ないんですよ」という、たった20文字のセンテンスの後ろには、その人が今日まで過ごしてきた日々がつながっている、というわけです。長い長い紐があって、その先端が「今話している」内容、ということ。だとしたら、「Aさんは一年中リネンの服を着ている」というメモ1行で納得してしまうのではなく、リネンの服が、どうAさんらしさとつながっているのかを、掘り出さなくてはいけません。

そこで、心がけているのが、相手の答えの中から、次の質問の種を拾うということ。たとえば、こんな感じです。


「私は一年中、リネンの服しか着ないんですよ」

「それはいつごろからですか？」

「5年ほど前からですかね？」

「5年前に、何かの出会いがあったのですか？」

「あるリネン専門のブランドショップに連れて行ってもらったんです。1枚買って着てみたら、気持ちよくて」

「何がどう、気持ちよかったのですか？」

「さらりとした肌触りだし、重ね着してももたつかない。冬でも意外に暖かいんですよ」

「冬は、どうやって着こなすのですか？」

「下にリネンシャツを着て、上にカシミアのカーディガンを重ねるんです。リネンって、通気性がいいから、電車に乗って急に暑くなってモワッとする……なんてことがないんです」

相手の答えの中には、その人の人生が詰まっている

こうして、**相手の答えの中から、次の質問をすると、永遠に質問し続けることができます**。

これは、インタビューという仕事だけでなく、普段の会話でも使えるテクです。

私は仕事柄質問グセがついていて、たとえば友人が私の知らない人を連れてきて、3人でお茶を飲むとき、初めて会ったその人に、次から次へと質問してしまいます。相手は、答えても答えても、答えの中から次の質問をされるので、びっくりされることも。「イチダさんと話していると、ついあれこれしゃべっちゃう」と言われて「すみません……」と図々しさを反省することもしょっちゅうです。

ときどき「どうしたら質問することを見つけられるのですか？」と聞かれることがあります。

それはきっと、「その人のことを本当に知りたいと思うこと」なんじゃないかと思います。本当に知りたいと思うからこそ、その人が発するひとことが、どうしてその人の中から出てきたのかとさらに聞いてみたくなる。仕事であっても、プライベートであっても、その基本は変わらない気がします。

相手の答えの中には、その人の人生が詰まっている。それを意識していると、会話の奥行きがぐんと深くなります。そして、たったひとことの中から、芋づる式に質問しているうちに、最後にコロンとお芋が出てくる……。その人でないと語れない言葉、その人らしさに行き当たります。その瞬間にいつも、ああ、宝物を分けていただいたなあと思います。

きらりと光る「言葉」をひとつずつつなげて、文章を綴っていきたいなと思っています。

04

本当に知りたければ聞きづらいことも聞く

- 「本当にその人のことが知りたい」と思って聞く
- 聞きにくいことを聞く
- 友人にもズケズケと質問してみる

「本当にその人のことが知りたい」と思って聞く

インタビューをするときには、当たり前ではありますが、「本当にその人のことが知りたい」と思って聞くようにしています。

実は私は、スーパーポジティブな人をインタビューして書くということが少し苦手です。どんなことも「これでよかった！」と前向きに捉えることは、すばらしいけれど、落ち込むことや悩むことがあってこそ、そこから何かを学び、「それでも」とまた前を向くプロセスに、学ぶことがたくさんあると思っているので。

たぶん、ポジティブに見える人は、起こったことを自己消化できる人なのだと思います。嫌なことが起こって、一度は傷ついても、「それはきっと何かに気づくため」と、すぐに自分の中で変換できる。そのスピードが早いのか、あるいは、悲しんだり落ち込んだりする姿を出さないように、無意識に「つらかったことはすぐ忘れるモード」のスイッチが入るのかも。

そんな人から話を聞き出すのは大変です。そこで、導入として自分の話をするようにしています。「私は、傷つくことが何より嫌いなので、何かを始めるときに『最悪のこと』をつい考えてしまうのですが、そんなことはなかったですか？」といった具合。自分の実感を話すと「そうそう、そういうこともありますよ」と共感して、少し詳しく話してもらえたりします。

インタビュー記事には、起承転結が必要になります。今はこんなに活躍しているあの人が、実はこんな時代があって、こんなふうに乗り越えて、そこで何かを学び、今になった。そんな谷と山を書くからこそ、読んでいる人はおもしろい。だから、**話を聞く際には、意識して「谷」のことを聞く**わけです。

聞きにくいことを聞く

ときには、聞きにくいことを聞くこともあります。

たとえば、お店を立ち上げ、すごくうまくいっているあの人は、いったい初期費用をどうやって用意したのだろう？　とか。お金の話をはじめ、こんなこと聞いたら失礼かな、と思って躊躇《ちゅうちょ》することがあります。そんなときには「私は、この人のことを本当に知りたいと思っているんだよな？」と自分で自分に確認を入れます。その人の本当の姿を知るためには、「ここ」を聞き逃すわけにはいかない。そう思うと勇気を出して聞くことができます。

このときにも、なるべく「どうしてそこを知りたいか」という状況説明をプラスします。「誰でも、お店を持ちたいと思うけれど、最初にどうやってお金を準備するかに、いちばん悩むわけじゃないですか？　○○さんは、そこをどうクリアされたのですか？」など。ときには「これは、書いてほしくないいんですが」と話してくださることもあります。パトロンがいてお金を出してもらったとか、遺産を相続したとか……。

それは、書くことはできないけれど、知らないで書かないことと、知っていて書かないことには大きな差があると思っています。

モデルの浜島直子（はまじ）さんにインタビューをしたとき、聞きにくかったけれど、思い切って聞いたのはこんな質問でした。

「モデルって、見た目で評価される仕事ですよね。でも、年齢とともにだんだん肌も衰えるし、体型も崩れるもの。そこに不安はありませんか?」と。今、モデルとして活躍されている方にこんな質問をするなんて、ずいぶん失礼なことだったかもしれません。

すると、はまじさんはこんなふうに答えてくれました。

「不安はもちろんあります。でも、若さと幼さは違うなと思っていて……。若さにしがみつくのは幼いことですよね。それよりも、今のシミやしわも受け入れて、前向きに、だけど楽しんでやっていけたらと思います」

そして、インタビューが終わって帰り支度をしている最中、もう一度私のところにやってきて「さっきの質問のことですけど」と話してくれました。

「私は、50歳に向けて、言葉のあるモデルになりたいと思っているんです。自分が発信したいことをちゃんと持ち、それを言葉にできるモデル。私は容姿で勝負する花形モデルではないから、話すこと、言葉があることにすごく感謝しています。言葉が新しい世界に連れて行ってくれると思っているから」

はまじさんのこの言葉を聞いて、ああ、思い切って質問をしてよかったなあと思いました。若さや美しさだけでなく、はまじさんはちゃんと自分の武器を自覚していた。人って、何かを失うけれど、その代わりに得る力もあるんだ、と教えていただきました。

友人にもズケズケと質問してみる

逆に聞かなくて後悔したこともあります。もうお亡くなりになった女優の樹木希林さんにインタビューをさせていただいたときのこと。

もうお会いする、というだけで緊張はマックス！　希林さんは「無欲」ということについて語ってくださいました。「仕事は、来た順番にやるの。こんな仕事がしたい。あんな役がやりたい。そんな欲はいっさいない」（『暮らしのおへそ』Vol.23）と。

05

質問することで、相手に考えてもらう

- 「う〜ん」と相手が考え込んだらしめたもの！
- 相手の「答え」に違う方向から光を当てる
- 会話は「違い」があるからおもしろい

「う〜ん」と相手が考え込んだらしめたもの！

女優さんやミュージシャン、作家さんなど有名な方のインタビューをするときには、その方の出演されている映画のＤＶＤを見たり、ＣＤを聞いたり、著書を読んだりするのと同時に、東京・八幡山にある「大宅壮一文庫」に行きます。

ここは、雑誌のバックナンバーがほとんど揃っていて、受付横に並んでいるパソコンに、名前を入力すると、所蔵しているすべての雑誌から、その人が掲載されている記事を検索することができます。雑誌の名前と記事のタイトルと要点を書いたリストを見ながら、読んでみたい記事をピックアップし、専用の用紙に書き込んで渡すと、そのバックナンバーを書庫から出してきてくれます。

私はいつも40〜50冊をピックアップし、その中からめぼしい記事だけをコピーしてもらって持って帰ります。そうやって過去の記事に目を通し、インタビューに臨むわけです。

多くの場合、取材慣れしている人は、こちらの質問にすらすらと答えてくれます。でも、それは、「ああ、あの記事にも書いてあったな」ということがほとんど。できれば、私だけが聞けることを聞きたい。そう思って、あっちこっちの方向から質問をしてみます。

そして、「う〜ん……」とその方が悩んで黙ってしまうと、ガッツポーズをしたくなります。それは、**自分の中には答えのストックがない、という証拠**。つまり、今まで答えた経験がないということ。私の言葉によって、自分の中を点検し、真剣に考えてくれている……。

もちろん、すらすら答えていたのに、急に「う〜ん……」と黙り込まれるとドキドキします。でも、実はこれほどうれしいことはない。考えた後、つっかえつっかえでも、「答えたことがない」ことを答えてくれた言葉は、インタビューをする際に何より尊いものとなります。

でも、インタビューの場で、自分でも意識していなかったことを考え、答えを導き出すというのはなかなか難しいことです。限られた時間の中では、考えがまとまらなかったり、自分がどう考えているのかわからず迷子になってしまって「ごめんなさい、今はわからないです」と正直に言われることもあります。でも、そんなときですら、「私の質問に対して、そんなに真剣に考えてくださってありがとう〜」と感謝の気持ちでいっぱいになります。

相手の「答え」に違う方向から光を当てる

まっさらな中に石を投げて、答えを見つけてもらうのは、なかなかハードルが高いもの。そんなときには、相手が答えてくれた「答え」に、違う方向から光を当てる質問をしてみます。

「@Living」というウェブマガジンのインタビューでモデルで、「チェコノーリパブリック」という音楽グループのボーカルでもあるタカハシマイさんに、ご自身のZINE（個人で作った小冊子のこと）を作ったときの話を聞きました。

マイさん　「このZINEは、私のありのままの姿と、私自身がかわいい、と思っているものを詰め込んだ感じなんです。自分の中の理想と素の部分が合わさった感じかな？」

イチダ　「理想ってなんでしょう？」

マイさん　「えっ？　なんだろう？」

イチダ　「どういう自分になりたいですか？」

マイさん　「女性として、強くありたいんです。凛とした感じというか……。幼いころ、父子家庭で、一人で強く生きていくように育ててもらった気がしていて」

イチダ　「強さっていうのは、自分の思いをちゃんと言えるっていうこと？」

マイさん　「それもあるかな」

イチダ　「昨年結婚してから、〝一人で立っていく強さ〟は変わりましたか？」

マイさん　「より自由になっていいんだって感じています。結婚したことによって、より自分を出せるようになって」

イチダ　「ともに歩んでくれる人がそばにいると安心感がありますよね？」

マイさん　「その安心感からより羽ばたける感じがあるんです」

イチダ　「彼はマイさんと一緒にいることで変わりましたか？」

マイさん　「コロナでいろいろ大変だったけれど、どんなに落ち込んでも、私が笑っていれば相手の気持ちが和らぐってことに最近気づいたんです。だから、私は常に明るくいればいいんだって思いました」

理想から強さへ。強さから笑顔へ。

光を当てる方向を変えながら、マイさんにとっての強さは「いつも笑っていること」へとつながっていきました。マイさんは、一生懸命考えながら、質問に答えてくれたなあと感じています。

会話は「違い」があるからおもしろい

違う方向から質問することは、友人同士で話すときにもおすすめ。

たとえば私にとっての「強さ」と友人にとっての「強さ」はきっと違うはず。夫と喧嘩をして言いたいことを言うのが「強さ」という人もいれば、言いたいことを呑み込んで、自分で消化してから出すというのが「強さ」と考える人もいます。

まったく**違う思考回路の二人が話すから、会話っておもしろい！** だとすれば、相手が語ってくれた「強さ」を、自分の「強さ」と比べてみて、「だったら？」と違う方向からのアプローチを提示してみると、互いにとって新鮮な視点を交換できるかもしれません。

「これって、こうだよね〜」と共感して盛り上がるのも楽しいけれど、相手と自分の「違い」をあぶり出し、その根っこに何があるかを互いに探り合ってみる。そんなキャッチボールで発見したことを、自分の生活へ持ち帰ると、「いつも」の考え方のクセを、少し見直すきっかけになるかもしれません。

自分との違いを聞ける「耳」を持つことは、暮らしの幅を広げてくれる気がします。

4章
「言葉」による刺激

言葉が消費されないうちにメモをする

- 心に刺さった言葉をメモするという習慣を
- メモした言葉を読み返せば、自分の思いが統合される
- メモすれば、忘れてもいい

心に刺さった言葉をメモするという習慣を

人はみんな、自分だけの「梯子《はしご》」を持って生きているんじゃないかなあと思います。

雲の上には「真実」というものがあって、誰もがそれを知るために、自分の梯子をかけて登っていく……。そんなイメージです。

梯子の種類はさまざまで、絵が得意な人はアートという梯子を、数学という梯子の人もいれば、音楽、ビジネス、料理、野球、体操……など、それぞれの人が自分がいちばん力を発揮できる自分だけの梯子を持っている。その梯子は、「仕事」という形のときもあるし、「趣味」という形のときも。自分の「得意」や「好き」をどんな形にして活かすかは、人それぞれです。

私の場合、その梯子は「言葉」です。

「あ〜、確かにそうだよな」と膝を叩きたくなるのは、読んでいる本の中で、心にぐっと刺さる言葉を見つけたときです。音楽が好きな人は、その感動が「音」であり、ビジネススキルに優れた人は「ビジネス」を通して「真実」に近づいていく。通る道は違っても、到達する地点はみんな一緒のような気がします。大事なのは、人の梯子を羨《うらや》むのではなく、自分だけの梯子を見つけること……。

そんな「私の梯子」としての言葉を大事にするために、小さなノートを持ち歩いています。仕事への行き帰り、電車の中で本を読んでいたときに、「う〜ん、なるほど……」と心に染みる言葉を見つけたら、忘れないようにメモします。どんなに感動しても、慌ただしい日常の中で、言葉はどんどん消費され、記憶のかなたに流れ去ってしまいます。

「あれ？　あの本読んだとき、すごく感動したはずなのに、いったいどんな言葉だったっけ？」と残念に思うことがしょっちゅう。そんな、記憶の底に沈んでいってしまった言葉がもったいなくて、メモをするようになりました。

朝、仕事をするためにパソコンの前に座って、メルマガをチェックしたり、いつもよく見る「日経ＡＲＩＡ」や、「ほぼ日」のサイトを覗いてみたり。ちらりと読んだ文章の中で、ハッと心を摑まれた言葉も、忘れないよう書き留めます。誰かがFacebookでシェアしていた言葉、テレビのドキュメンタリーで野球選手が語った言葉、ラジオのゲストがインタビューで答えた言葉……。そんな言葉を走り書きで書き留めたノートは、**いつも駆け足で走っている日常で、私がふと足を止めた場所をマーキングしているようなものです。**

ごく最近のメモはこんな感じです。

ロックはロックと思ったとたん、ロックでなくなっている。（SONGS ユーミンの言葉）

答えは消去法で探す。残ったよいものをとりあえずはやってみる。正解は自分で探す。（勝間和代さん YouTube）

「求められる」喜びはもちろんあるわけだが、それは「求める」と表裏のひとつのものだ。限りなく「与える」ことが美徳のように語られるが、そこに同時に「求める」ものがなかったら、ほんとうは反則なのかもしれないと思うのだ（ほぼ日　糸井重里さん「今日のダーリン」）

もう一度降り立つことができるはず。そして、ポケットにしまっておいたあれこれを、**もう一度並べ直し、比較し、組み合わせを変えて味わって、そこから新しく何かを発見することができます**。

言葉というフックによって、日常の中に転がっている真実を引っ張り出すことができる……。だったら、フックはたくさんあればあるほどきっといいはず。

さらさらと流れ行く時間の中で、大切なものを見逃さないように。言葉は、自分の内側を掘り起こすスコップの役目を果たしてくれるものなのだなあと思います。

オリーブオイルで作られたマルセイユ石鹸って、どんな匂いで、どんな手触りで、どんな泡が立つのだろう？　それを知りたくてたまらなくなりました。初めて新宿の「ザ・コンランショップ」で、木箱に入ったそれを見つけたときのときめきといったら！
当時の私には、とても高価で買えなかったけれど、「あの本の世界は現実だったんだ」と知って「いつか買えるようになろう！」と決意したのを覚えています。

ボキャブラリーを増やすことは、扉を開けること

こうして、いろんなものを真似して買ってみたけれど、津田さんが教えてくれたのは、「その先」にある大切なことでした。それが「自分で感じ、考えること」。本には、こう綴られています。

素朴な疑問を持ったとき、それを放置しないで調べて自分で確かめてみることで、気づくこ

とがある。それはその人にしかわからない個別の体験から導かれる、いわゆる一般的な考えではないもの。それがとても大事なのだ。なぜなら、私たちは固有の生き物だから。

当時の私は、まだまだわからないこと、知らないことがありすぎて、この文章の意味がちっともわかっていなかったなあと、今思います。素敵なものも、それを使った生活も、はたしてどんなものなのか見当もつかず、ひとつでもいいから、その経験を真似して自分で味わってみたい。マルセイユ石鹸から広がる世界を知ってみたい……と思っていました。

「自分で確かめてみること」までは到底及ばず、私は津田さんの本の中から拾った、ひとつひとつの「ものの名前」をたどって、**自分の目を育てるよりずっと以前の準備**をしていたんだろうなと思います。

当時の私にとって、本の中で紹介されている固有名詞は、単なる「情報」だけではなく、まだ見ぬ世界へ行くために渡る飛び石のようでした。ひとつずつ集めて、それをピョンピョンと渡って行ったら、いつか憧れのあの人みたいになれるかも……。そう思っていたのでした。自分のボキャブラリーを増やすことは、見知らぬ世界を知る小さな一歩です。

今、私はビジネス書を読んでいます。ビジネスのことなんてなんにも知らなかったから、本の中には、またまた知らない言葉がいっぱいです。

フレームワーク、論理的思考、水平思考、ヒューリスティック……。そのひとつひとつの意味を知りながら、自分の中のボキャブラリーを増やしたら、以前とは違った風景が目の前に広がるかもしれません。

「何が書いてあるか」という本のテーマや骨子、内容も大事だけれど、そこにちりばめられた「言葉」をコツコツとひとつずつ知っていくことは、まったく知らない世界に踏み入る体力を養ってくれるなあと感じています。

日経ARIA
心理学者 カールロジャース

言葉によって心が行きたい方向を確かめる

- 心に響いた言葉にアンダーラインを
- そのとき引っかかる言葉で、自分の心の方向性を知る

心に響いた言葉にアンダーラインを

本を読み始めて「これは保存版だ！」と思うと、鉛筆を取り出します。ページを繰りながら、ビンビンと心を打つセンテンスに、線を引いていきます。

本は美しいまま取っておく、という人もいると思いますが、私はどんどんページの角を折ったり、線を引いたりします。というのも、読み終わって、「すごくいい言葉があったなあ」と思って、「どこだったたっけ？」とたどろうとしても、「あれどこいっちゃったっけ？」と見つけられない……ということを、何度か繰り返したから。

心に響いた言葉は、繰り返して読み、全体を読み終わった後に、もう一度「ここ})とあそこ」と読み合わせてみたり、ノートにまとめて書き写したりと、二度三度と味わいたいなあと思います。「ドッグイヤー」と呼ばれるページを折った跡や、アンダーラインは、**記憶をたぐりよせる役目**を果たしてくれます。

最近、夢中になって読んだのが、料理研究家の土井善晴さんと、政治学者の中島岳志さんの共著『料理と利他』（ミシマ社）でした。線を引いたのは、土井さんのこんな言葉です。

『料理と利他』

たとえばここにお料理をぽんと置きますでしょ。お料理を置いたら、盛り付けが終わったら、そこに人間が残ったらいけないんです。人間は、消えてなくならないといけない。はからいを作為と考えると、作為というつくり手の自我が残っていたら、気持ち悪くて食べられないと思いませんか？

なにか自分に取り柄《え》があるとしたら、あんまり昨日の自分に頼らないで、今日初めて料理するんじゃないかという気分でいつも臨むところですかね。

（中略）

一生懸命相手に接するというか、素材と対話するみたいなことをするんです。

それは力みではなく、なんかお芋《いも》が気持ちよさそうにしているなぁ、というようなものです。

強引に「はやく柔らかくなれ」と思って火を強めても、おいしくなるどころか、崩れてなくなってしまう。

和食の感性というのは、それこそ自分がなにかをしているということではなくて、自然をきちんと受け止めることですね。人間にとって都合よくをあまり考えない。その自然をきれいにすることが正しさだと信じてきたように思います。いいことも悪いことも、仕方がないと認めるというかね。

そのとき引っかかる言葉で、自分の心の方向性を知る

人は同じ本を読んでいても、今と5年後とでは、引っかかる箇所が変わってくるもの。今の私は土井さんがおっしゃる「自分の姿を消す」＝「利他」ということに、とても興味を持ち始めているようです。

20代のころから、「どうしたらライターになれるだろう？」と考えて、でも正解がわからな

くて、新しい仕事に体当たりで向かいながら、自分の進む道を決めてきた気がします。でも、自分のことに一生懸命になりすぎて、いつの間にか「私が」「私が」と、自分の成長や成功ばかりを考えるようになっていた。それって、ちょっと違うのかもと最近考え始めたというわけです。コロナ禍で、今まで当たり前にできたことができなくなったとき、「もっともっと」と前へ進む必要はないんじゃないか？　と気づいたからなのかもしれません。

そのときどきに引っかかる「言葉」は、今の自分の心が求めているものを教えてくれます。

今この言葉に惹かれる私は、こんな道を経て、そこで何かを考え、だから今こう感じる……。そうやって、過去から今へ至る自分自身の足跡を見直すと、自分の足もとを固めることができるような気がします。

土井さんの本には、ベストセラーとなった『一汁一菜でよいという提案』（グラフィック社）という1冊があります。今回『料理と利他』を読んでから、改めてこの本をパラパラとめくってみました。以前読んだときには、「一汁一菜とは、決して手抜きではなく、品数を少なくすることで、ひとつのお椀、ひとつの菜に接する手を丁寧にすること」という、今まで考えたこともない料理への向き合い方に、なるほど〜！　と新鮮な驚きを感じたものです。

でも、今回気になった言葉はこんなところでした。

『**一汁一菜でよいという提案**』

淡々と暮らす。暮らしとは、毎日同じことの繰り返しです。毎日同じ繰り返しだからこそ、気づくことがたくさんあるのです。その気づきはまた喜びともなり得ます。

この「淡々と」というところに、私は心惹かれたのでした。スペシャルにすばらしいことをしなくていい。どうだ、すごいだろう！　ということを成し遂げなくてもいい。淡々と暮らす日々の中に、私はこれからの人生後半の幸せの種を見つけたい、と思っているのかもしれません。

自分が今、何を望んでいるかは、自分ではなかなか明確にわかりません。でも、こうやって心惹かれる文章をいくつか組み合わせてみると、**頭ではなく、心が「行きたい」と言っている方向が見えてくる**ような気がしています。

そして、「これってどういうことなのだろう?」と気になる言葉からスタートして、考えを巡らせてみる……。そんな思考の旅に出ることも、なかなか楽しいなあと思っています。

文章の外側に「空気」を立ち上げる

- 珠玉の小説に出会う
- どう書くかは、どう暮らすかとイコール

珠玉の小説に出会う

エッセイなどは、ひとつひとつの言葉が胸に刺さりますが、小説では、また違った「言葉」の魅力を感じることができます。**言葉が「場」を立ち上げ、言葉が紡ぎ出す香りがあり、言葉によって聞こえてくる音がある……**。そんな珠玉の小説に出会うと、おいしい飴玉を口の中で転がすように、なくならないように、なくならないように、とゆっくり味わいたくなります。

ベストセラーになっていたり、話題の新作と言われて読んでも、ちっともその文章が心に入ってこないことがあります。小説の読み方はとても主観的なもので、肌に合う、合わないがあるよう。

私が好きなのは、ストーリーがおもしろく展開していくもの、というよりも、その物語の舞台となる部屋だったり、そこで作られる料理だったり、登場人物たちが行き交う街や訪れるカフェなどの様子が、読んでいるうちにありありと浮かんでくるもの。読みながら、ああこの作家は食べることが好きなのだなあとか、音楽に詳しいんだな、インテリアが好きなんだな、と感じることができるもの。

小川糸さんは大好きな小説家の一人です。特に2019年に発売された『ライオンのおやつ』（ポプラ社）は、何度もその世界に身を浸したくなるものでした。余命を告げられた主人公の雫さんが、残りの日々を瀬戸内のレモン島のホスピスで過ごします。そこでは、毎週日曜日に、入居者がもう一度食べたい思い出のおやつをリクエストすることができます。
初めてホスピスの部屋に入ったときの描写はこんな感じ。

『ライオンのおやつ』
ふかふかしているのは羽毛の入った掛け布団だけで、ベッド自体には、ほどよい弾力がある。なんだか、体がすーっと下に吸い込まれていく。シーツも枕カバーも真っ白で、心地よい。さらっとした肌触りは、麻を使っているからだろう。

おやつの時間はこんな感じ。

両手を添えて、小さな仏様に触れるようにカヌレをそっと包み込む。まだ、ほんのり温かかった。

菊の御紋を立体にしたような美しい形を、しばし眺める。いくつもの溝に指をはわせると、そこからきれいな音色が響きそうだった。思う存分愛でてから、カヌレを手で半分にし、さらにそれを千切って口に含む。ふわりと口の中に甘いそよ風が吹き抜けた。

外側はカリッとして香ばしく、中は綿毛のように柔らかい。とっさに、マスターの淹れるコーヒーが欲しくなる。

どう書くかは、どう暮らすかとイコール

きっと小説家というものは、ご自身が普段食べたり、見たり、聞いたりしているものが、すべてその作品の中に出てしまうんだろうなと思います。「何を書くか」という内容よりも、その行間からふわりと立ち昇る空気に、いい意味でも悪い意味でも、その人の暮らしそのものが

出てしまう……。

私は小説家ほどに、物語をクリエーションするわけではないけれど、それでもやはり、自分の書く文章は、自分が普段見聞きしているそのものだと感じます。だとすれば、どんな文章を書くかは、どう暮らすかとイコールなのかなあとも思います。


取材をして文章を書くとき、見てきたあの場を、どう伝えようかといつも頭をひねります。

私はあの窓から入った光の角度や、その場のぬくぬくとした空気の温度や、香ばしいコーヒーの香りや、カサカサと包む紙の音を知っているけれど、読む人には、それを見て、聞いて、嗅いでもらうことはできない。だったら、どうあのリアリティを立ち上げるか……。読めば、その風景が目に浮かんでくるような、その匂いがしてくるような文章を書きたいなと思います。

それは、本当に伝えたい内容とはまったく関係がない、**いわば本質の外側にあるもの**だけれど、頭で理解するだけでなく、その**本質を手にしたときの「感じ」を伝えたい**と思うから。

『暮らしのおへそ』で、蓼科でハーブとアロマセラピーの専門店「蓼科ハーバルノート・シンプルズ」を営む萩尾エリ子さんを取材させていただいたときは、こんなふうに書きました。

『暮らしのおへそ』Vol.30

毎日、お店に到着すると、萩尾さんは庭へ。オダマキ、ワスレナグサ、ニリンソウ……。足もとに咲く小さな草花は、季節ごとに変わっていきます。

「木の時間、草の時間、花の時間があって、それぞれの持ち時間が組み合わされていることが、すごくいいなと思っています。まわりの四季は変わっていくけれど、地面に足がついていることが大事だっていつも思うの」

「地面に足がついていることが大事」という萩尾さんが語ってくださった「本質」は、毎日毎日庭を歩き、足もとに咲いている草花を見つめる時間があってこそ、リアリティを持って伝わります。文章に実際の植物の名前を入れ、庭の小道を読み手に想像してもらうことで、「木の時間、草の時間、花の時間」という萩尾さんのすばらしい言葉がよりすんなり心に染み込み、そこから結論である本質へとつながる……。そんな構成を考えての文章でした。

エッセイの中の具体的な言葉がぐっと心に刺さることもあるし、小説の文章と文章の間から立ち上がる風や温度や香りが見えない風景を見せてくれることもある……。言葉の力の奥行きはすごいぞ！　と思いながら過ごす読書のひとときは、なくてはならない心の栄養になります。

ジャズピアニストの小曽根真さんは、指先から音がこぼれ出るように、即興で曲を弾かれます。インタビューをさせていただいたとき、「どうしたら、そんなふうに音を生み出せるのですか？」と聞くと「とにもかくにも聴くことですね」と教えてくださいました。

たくさんの言葉の恵みを自分の中に取り入れることで、私も自分の中からぽろりと溢れ出るように、文章が紡げるようになればいいなと思っています。

見えないものを言語化して残す

- 何か行動を起こしたら、必ず振り返って次の種を拾う
- 言葉にすれば、見えないものが見えてくる
- 言葉にしたことは、変わっても、間違えていてもいい

何か行動を起こしたら、必ず振り返って次の種を拾う

私は、ひとつの仕事やプロジェクトを終えた後、「振り返る」という作業がずっと苦手でした。さらに、5年後、10年後といった未来の目標を立てることも苦手。つまりは、「もう過ぎてしまったこと」「今考えたってわからないこと」を考えることが苦痛。「今さら言ったって仕方がないじゃん」「そんなこと、やってみなくちゃわからないじゃん」と思ってしまいます。

でも……。ライフオーガナイザーの鈴木尚子さんと出会って、その考えを変えなくちゃいけない、と思うようになりました。

取材で知り合った鈴木さんと「もうちょっとゆっくりおしゃべりしたいですね」と、一緒に食事に出かけました。

「SMART STORAGE!」というお片づけの会社を営みながら、各種のセミナーやレッスンを次々に開催。参加者の募集を始めるとたちまち満席となり、その人気はすごい！　そんな鈴木さんに聞きたかったのは、「毎回続けていると、マンネリ化したり、自分が枯れてきたりしま

「あなたの夢はなんですか？」、そんな壮大な質問をされたとき、人はなかなか答えることができないもの。「10年後、どんな自分になっていたいですか？」という問いにも、「いやいや、そんなこと、わかりませんよ」とずっと逃げてきました。

でも、わからないなりに、なんとか言葉にしてみる……。そこからすべてが始まります。

言葉にしたことは、変わっても、間違えていてもいい

私が「言葉」にすることから逃げてきたのは、それが、変わることだってあるし、間違えていることもある、と考えていたからでした。

すると、鈴木さんは「未完了の自分との向き合い方が大事」と教えてくれました。

つまり、変わったっていい。できなくたっていい。大事なのは、「できなかった理由は何？」と考え始めること。「自分に意地悪をしないで」という鈴木さんの言葉が印象的でした。

「言葉」にしていなければ、「だったら何ができる？」と具体的なアクションを起こすことができません。そして、できなかった理由を見つけることもできない。

たとえば、私の「やりたいこと」であげた「場をつくる」という項目。言葉として書き出してみて初めて、「じゃあ、ライター塾で過去に受講してくれた人が集まる機会をつくろうかな?」とか「オンラインで同窓会をやってみようかな?」と具体的なプランを考えることができます。

もし、それをやってみて、うまくいかなかったら、「どうしてうまくいかなかったのかな?」「だったらどんな方法があるのかな?」と、さらに歩を進めることができる……。

「言葉」は、次に進むためのマイルストーンの役目を果たしてくれるのだと思います。

わからなくても、見えなくても、そして間違えても、変わるかもしれなくても、自分の思いや考えを言葉に置き換えてみるという作業は、私たちの「これから」を大きく変えてくれるかもしれない、とワクワクしています。

5章
書くことで自分の内面を掘り起こす

書くことで、自分の思考に輪郭をつける

- とにかく思ったまま書いてみる
- 書きたいものが「言葉」として出てこないこともある

とにかく思ったまま書いてみる

文章の書き方のプロセスは人それぞれ。きっとみんなその方法は違って、自分の思考がまとめやすい方法を選んでいるんだろうなと思います。

周りにいるライター仲間に聞いてみると、要点をリストアップし、プロットを組み立ててから書く、という人が多いようです。私の場合はきわめて行き当たりばったり。インタビューを録音したものを文字に起こした書類を見ながら、あるいは取材しながらメモしたノートを見ながら、いきなり書き始めます。

つまり、書き始めたときには、どんな文章になるのか、結論はなんなのかがまったく見えていないというわけ。

あの人あんなこと言っていたな。それはどういう意味だったのかな？　あの言葉はどんな過去と結びついているのかな？　書きながらいろんなことを考えます。そしてとにかく思いつくことをどんどん書き進める……。こうして、好きなように書き続けると、大抵決まった文字数の2倍か3倍になってしまいます。

ここからが本番！　読み直しながら、不要な言葉を削ったり、順番を入れ替えたり、ときには、ごっそり書き換えたり。ずいぶん非効率な書き方だと思いますが、私の場合、自分の手を動かして、**文章にしたものを目で見て確認し、そこから本当に書きたいことを削り出していく**……ということの方法がいちばん考えをまとめやすく、書きやすいと思っています。

たとえば、『暮らしのおへそ』で、スタイリスト、エッセイストとして活躍される堀井和子さんを取材させていただいたときには、こんな感じで文章をつないでみました。

まず、堀井さんの数々のエッセイを読んできた私は、その分析からスタート。

『暮らしのおへそ』Vol.17

その文章は、意外や〝理系〟です。「朝食のためのパンは、（中略）予熱なしで電気オーブンを100℃にセットして、

（中略）

冬で約13分、夏で約12分温める」（『早起きのブレックファースト』河出書房新社）といった具合。どれもが事実の誠実な描写で、まるで観察日記のよう。

その上で、堀井さんのものの見方について、取材でうかがったことを紹介します。

「私のおへそは、〝興味〟をできるだけあっちこっちへと、自分が今まで知らなかったジャンルまで広げることかなと思っています。何かに〝興味〟をもつことが、世界を広げてくれると信じています。興味は何かを知るための〝入り口〟で〝種〟を拾うこと」

と堀井さん。

さらに、この堀井さんの言葉を、最初のエッセイの分析に結びつけてみます。

そうやって拾った〝種〟の中から、これが〝好き〟と選んだら、今度は、より耳を澄ませ、用心深く匂いをかぎ、手で触れてみて、かすかな世界へと深く踏み入る……。

「たとえば、自宅で焼くパンは、季節や気温によって、発酵の具合が変わり、味も香りも少しずつ違ってきます。そのちょっとした違いを感じながら、微調整し、工夫するのが楽しくて」

こうして、最初はあっちこっちにちらばっていた取材でうかがったエピソードを、ひとつの線で結んで、文章として積み重ね、堀井さんの「アンテナをあちこちに向けておき、自分で見て、触れて、食べてみて、外から受けた刺激によって、自分の食卓の奥行きを深くする」という日々の習慣＝おへそとして綴るというわけです。

パソコンをパチパチ打っている間に、思考が整理されて、あれとこれが結びついたり、「ああ、そうだったのか！」と新しい発見があったり。そうやって、私は書きながら、新しくインプットしたものと、すでに自分が引き出しの中に持っているものを照らし合わせ、理解するプロセスを綴っているような気がします。

書きたいものが「言葉」として出てこないこともある

でも、ときにはパタリと手が止まります。

「あのこと」を書きたいと思っているのに、それが「言葉」として出てこない。取材のとき、「なるほど～！」と感心した「あのこと」を、いざ書こうとすると、その中身がいったいなんだったのか理解できていないことに気づかされます。こうなると、もう一度そこから時間を巻き戻して引き返します。あの人は、こう言って、ああ言って、だからこの話が出てきて……。

書くのをやめて、自分の思考をたどるときには、パソコンの前から離れます。リビングのソファに座って宙を見上げて、取材シーンを思い浮かべて……。丁寧に今来た道をたどりながら、落とし物がなかったか点検し、見落としていたものを拾い上げて。そうやって、行きつ戻りつしている間に、「あっ、そうか！」と、何かが見える瞬間がやってきます。「そうか、そういうことだったか！」とひらめいたときのうれしさといったら!!

自分の中から真実がするりと出てくる。それが「書く」ことのいちばんの楽しさだと思っています。

人は確かに聞いて、見て、感じて「わかった」と思い込んでいることも、実は何もわかっていなかったりします。「書く」という作業は、「わかったつもり」になっている、もやもやと形が見えない何かを、言葉として形にすることで、**自分の思考にきちんとした輪郭をつける作業**なのだなあと、いつも思います。

それはライターでなくても、「何かを書いてみたい」と思う人は、きっと誰もが経験できることだと思います。ブログでも、SNSの短い文章でも、「自分が何を見て、何を発見し、どう考えたのか」を言葉で紡ぐという作業は共通しています。

「は〜、私ったら、こんなこと考えていたのね！」。書きながら、そんな体験をしてみたら、自分の中の何かが変わるかもしれません。書くことは、自分を発見することでもあるのだなあと、ウンウンとうなりながら文章を書くたびに感じています。

02

書き終わったら自分で自分に質問してみる

- 書けないことも、質問されれば答えられる
- 説明するだけでなく、スポットライトを当てることが大事

書けないことも、質問されれば答えられる

ライター塾に来てくださる生徒さんは、編集やライターの仕事をしている人だけでなく、ウェブショップで商品紹介を書いていたり、企業の広報を担当していたり。あるいは仕事はまったく「書く」ということに関係ないけれど「なんだか興味がある」という人だったり、ブログやSNSで思ったことを発信している人、または発信してみたい人、専業主婦で「なんだかもやもやしている」という人……など、本当にさまざまです。

なので、課題を出して書いていただくと、「あれれ?」と思うことも。

最初は「自分の好きなお店の紹介を200字で書いてください」とか「便利だなと思っている道具について300字で書いてください」など、ごく短い文章を書くことから始めます。

でも、ロケーションの説明だけで、いったいどんなお店なのかがまったくわからなかったり、自分が見たものを順番に書いてあるだけだったり、便利な使用感を一生懸命書いてあるのだけれど、その道具の特徴はなんなのかがわからなかったり。

そこで、まずは口頭でいろんなことを質問してみます。「このお店のいちばんの特徴はなんですか？」「どんなメニューがあるのですか？」「あなたが、いちばんいいなと思う点はどんなことですか？」などなど。するとみなさん、びっくりするぐらい上手に説明をしてくれるのです。「えっと、決しておしゃれじゃないんですけど、落ち着く店なんですよね」「オーナーのお母さんが畑をしていて、野菜はそこから仕入れているんです」「ちまちまとした小さなおかずがたくさんつくのが魅力なんです」などなど。

私は話を聞きながら、いつも「わあ、それを書けばいいじゃないですか！」と言います。するとみなさん、きょとんとした顔で「そっか！」とおっしゃる。話すなら、次から次へとネタが出てくるのに、「書く」となると、とたんに何を書いたらいいかがわからなくなる……。

つまり、**「上手に書かなくちゃ」というバイアスがかかり、対象をストレートに見ることができなくなってしまう**よう。

いくらでも話はできるのに、書くことができない。それは、人がいかに自分が見て、聞いて、確かに知っているはずのことを、きちんと認識していないかということ。つまり、見ているのに見えておらず、知っているのに知らないと勘違いしていることがたくさんあるということになります。「書く」とは、そうやって普段素通りしているものの前で、まずは立ち止まってみることから始まるのかもしれません。

初めて書いてもらった文章

「食堂いろは」は海岸通りにある食堂で、今の時期は海鮮丼がおすすめです。素朴な木の看板がかわいくて、気さくなおばちゃんが注文を取りにきます。古いレトロなテーブルと椅子が並んで、窓からは海が一望できます。ランチ以外にも、かき氷やソフトクリームもあります。おしゃれではないけれど、おばちゃんと話しているとなんだかほっとするお店です。

質問の後に書いてもらった文章

「食堂いろは」は、海岸通りにあり、町の人に愛される庶民派のお食事どころです。市場から直接仕入れた海鮮は新鮮で、「今日は水揚げがなかったからイワシ丼はなし」という日も。気さくなおばちゃんが作る料理は、ちょっと味付けが濃いけれど、気取りのない家庭の味。子供たちには、かき氷やソフトクリームも人気です。窓から見える海を眺めながら、のんびり昼下がりを過ごすのがおすすめです。

説明するだけでなく、スポットライトを当てることが大事

逆に中には、思考の整理整頓がとても上手で、お店の説明をとてもわかりやすくまとめて書いてくださる人もいます。ところが……。そういう人が陥りやすいのが、「わかりやすいけれど、ちっとも心に残らない文章」になってしまうということです。

そういう人には、いつも「この中で、いちばん伝えたいことは何？」と聞きます。すると、「う〜ん」と考え込んでしまう人が多い。こういうタイプの人は、**整理整頓は上手だけれど、スポットライトを当てるのが苦手**です。

読み手は、書き手が当てたスポットライトに導かれて、文章を読んでいきます。まんべんなく明るい道は歩きやすいけれど、そこにどんな風景が広がっていたかが、心に残りません。

一方薄暗い道を歩いていて、突然パッとスポットライトの中に風景が浮かび上がると、「う

わ～」と驚いたり、感動したり。つまり、強弱がある文章のほうが、「読む」という体験を印象的に相手の心に残してくれます。そんな「強い」＝「スポットライトが当たる」部分を生み出すのは、書く人の意志になります。

なので「私は、ここがいちばんいいと思っている」ということを、きちんと書くということが大切。つまり、自分の中で「いちばんを決める」という作業が必要になります。自分に問いかけ、「どうしてそう思うのかな？」とその理由を分析していくうちに、その店や、その道具のよさが、文章の中にくっきりと立ち上がってくるはず。

説明を羅列しただけの文章

北欧フィンランドの磁器メーカー「イッタラ」のティーマシリーズの15㎝ボウルは、一人分に丁度良いサイズ（直径15㎝）で、適度な深さ（5㎝）がある。無駄なものを削ぎ落したシンプルなフォルムで、ボウルの色、柄もバラエティに富んでおり、様々な生活のシーンを演出することができる。

スポットライトを当てた文章

北欧フィンランドの磁器メーカー「イッタラ」のティーマシリーズのボウルは、一人分に丁度良いサイズ（直径15㎝）。適度な深さ（5㎝）があるので、カレーなども盛り付けやすいし食べやすい。無駄なものを削ぎ落したシンプルなフォルムは、スープから肉じゃがまで和洋中何を盛り付けてもおいしく見せてしまう。一見こじゃれた器だが、実は「我が家の料理」なら、なんでも引き受けてくれる懐の深さが、いちばんの魅力だ。

ライター塾では、一度文章を書いてから、私がそれを読んで質問を投げかけ、それに答えるというかたちで、自分が今見ているものを見直し、自分がそれによって何を感じたかを問い直して、再度文章にまとめる、というプロセスを踏みます。

一人で書く場合は、この「問いかけ」と「答え」の両方を自分自身でやってみるのがおすすめ。まずは、思った通りに文章を書いてみた後に、読み返して「これでちゃんと枠組みが説明できているかな？」「初めて読んだ人にもわかるかな？」と事実を問いかけ、「私が伝えたかったことが書けているかな？」とスポットライトの当て方をチェックしてみます。

最初から完璧な文章を書くことは、慣れていないと難しいもの。書いて、検証し、ブラッシュアップしてまた書く。その繰り返しで、だんだん最初から整った文章が書けるようになるのだと思います。

私も、原稿を1本書き上げたら、必ずプリントアウトしてみて、読み直します。時間に余裕があるときには、一日寝かせて、翌日読んでみて、気になるところは書き直します。書くために、事実を見直しているのだけれど、実は書くことで、「いつも」の中から「そうか、私はこう感じていたんだった」と発見することも多々あります。

書くことで、私は日常をもうひとつのメガネで見つめ直している……。これが「書く」ということのおもしろさだよなあといつも思います。

自分が持っているものを前後左右につなげる

- いろいろな角度から文章を書いてみる
- ひとつのテーマから横につながりを探してみる
- まったく違うテーマをひとつにまとめる

いろいろな角度から文章を書いてみる

いろいろな方が普段発信しているブログを読ませていただいて、「ああ、惜しいな〜」と思うことがあります。説明はとても上手なのですが、「あれ？　もう終わり？」と、1回の文章がとても短い……。「今日、こんなことをしました」「こんな片づけ方に変えてみました」「こんなグッズが便利です」と、トピックがひとつ綴られているだけだと、もうちょっと読みたいなあ〜と、置いてきぼりをくらった気になります。

せっかく発信をするなら、もう少しいろんな角度から見たもの、得たことを複合的、多角的に書いて、読んでくださる方が「あ〜、おもしろかった」と満足感を持ってもらえる文章になればいいのになあと思います。ウェブサイトの場合、あまり長すぎる文章は、飽きられてしまうので、写真を織り交ぜてなるべく短くまとめるのが定石です。でも、「また読みたい」と思ってもらうには、ある程度の読み応えも必要なのかもしれません。

ひとつのテーマから横につながりを探してみる

そんなにたくさん書くことなんて見つからない、という人は、「今日はこのテーマで書こう」と決めてから、その前後左右にある「何か」を探してみるのがおすすめ。「書きたいこと」は、日常の中で起こった出来事が多いはず。それは、きっと過去の「あの日」や、未来の「やりたいこと」などとつながっているはずです。

たとえば、「今日は、食器棚の中を片づけました」という体験談を書くとします。二段に重ねられるラックを投入し、出し入れしやすくする、などすっきり整理をしたプロセスを綴るだけなら、単なる片づけ記録です。

でも、いろいろな作家さんの器を買って使ってみたけれど、結局シンプルで、我が家のおかずが似合う器に落ち着いた、という「器を減らす」エピソードをプラスしてみたり、毎朝使うパン皿について「日常のひととき」を語ってみたり。食器棚から広がる物語はたくさんあります。そんな枝葉が広がってこそ、読み手は、いろいろな想像力を働かせながら読み進めることができ、読んでいてワクワクと楽しいのだと思います。

食器棚というテーマの中の**「時間」という境界線をなくして、過去と今を組み合わせる**……。それは、普段何気なく開け閉めしている食器棚を、長いスパンで見直すきっかけになるかもしれません。

まったく違うテーマをひとつにまとめる

まったく違うテーマをくっつけて書くこともなかなか有効です。たとえば、私が自身のブログで綴ったのは、小豆を煮たことと、岡本太郎さんの本を読んだ、という一見何の関係もない2つの体験でした。

まず最初に、小豆を煮てぜんざいを作ったことを書き、「食欲は面倒くさがりに勝る！」という発見を書きます。

外の音、内の香　２０２１年１月22日

昨日は、小豆を煮て「ぜんざいの素」づくりを。

（中略）

小豆で作る餡はとても簡単。

（中略）

これを小分けにして冷凍しています。

ついでに、白玉団子も作ってバットの上に並べて冷凍。

こうしておくと、あとからジップロックなどにまとめてもくっつきません。

食後に小豆冷凍１個、白玉団子２個を解凍してミニぜんざいに。

これが楽しみなんだな〜。

（中略）

食欲は面倒くさがりに勝る！

リンゴと柚子をコトコト煮てコンポートを作ったり、

この時期スペシャルにおいしい三浦大根を炊いたり……。

その後で、岡本太郎さんの言葉を紹介します。

何かをはじめても、つづかないんじゃないか、三日坊主に終わってしまうんじゃないか、なんて余計な心配はしなくていい。気まぐれでも、何でもかまわない。ふと惹かれるものがあったら、計画性を考えないで、パッと、何でもいいから、自分のやりたいことに手を出してみるといい。

『自分の中に毒を持て』岡本太郎著　青春出版社

そして、最後に2つのまったく違う内容をつなぐブリッジをかけます。

これ、「どうして私は三日坊主なんだろう……」とかなり長い間悩んでいた若い頃の私に言ってあげたかったなあ。

やってみて、今の自分にカチリとはまるものが長続きする。

何がカチリとはまるかは、やってみないとわからない！

三日坊主ばんざ〜い！とつぶやきながら、
あったかいおぜんざいをいただきました。

小豆を炊いてぜんざいを作ったことだけを書くなら、なんだか「丁寧な暮らしの自慢話」のようになってしまいます。

面倒くさがりで、三日坊主の私が、「食べたい」と思ったら小豆をコトコト煮てしまうことの不思議を、自分から一歩離れて見つめてみる……。すると、岡本太郎さんの「三日坊主」についで綴ったこの言葉が、ふと思い出され、「そっか、三日坊主になったとしても、やってみるってことのほうが大事なのよね」と思う。

このブログを書くまで、私は「おやつの時間」と「読書の時間」がつながるなんて、思ってもいませんでした。でも、昨日あったことを思い出し、書くために「あのとき、どうだったたっけ？」と分析してみたら、2つの出来事は、ひとつの根っこでつながっていた……。そのことに、書きながら自分でびっくりしてしまいました。そしてブログを書くことで「三日坊主ばんざ〜い！」と自然に思い、そのままを結びの言葉として書いたのでした。

一見まったく別のことに見える「あれ」と「これ」をつなぐ1本のラインを見つける。日々の体験を「書く」ことで、バラバラだった出来事がどんどん連結し、ひとつにまとまっていく。これも「書く」ということの大きな力だなあと思います。

私たちは「書く」ことで、**多種多様な日常の体験に光を当てて、整理整頓し統合する練習**をしているような気もします。

人生を再定義し、言語化する

- 「当たり前」を見直して、もう一度定義し直してみる
- 歳を重ね、何度も定義し直す

「当たり前」を見直して、もう一度定義し直してみる

私のサイト「外の音、内の香」で、「もっと早く言ってよ！」というコンテンツがあります。これは、50代の私が、「あ〜、そうだったのか！」と気づいたことを、20代だった私へ向けて綴るというもの。その最初にはこんなふうに書きました。

外の音、内の香「もっと早く言ってよ！」まえがき

ずっと前から知っていることなのに、この年齢になって「あ〜、そうだったのか！」とやっとわかった気がすることがあります。それは例えば、結婚する、ということだったり、子供を産んで、命を継ぐということだったり、人と違っていい、ということだったり、誰かに優しくする、ということだったり。当たり前のことなのに、50歳を過ぎた今ごろ　は〜、そういうことだったのか！とストンと胸に落ちる……。そして、「あ〜、もっと早く言ってよ〜」と言いたくなるのです。

ここに書いた通り、**私たちは身の回りにあるさまざまなことを、「再定義」しながら生きているんじゃないかと思います。**世の中に、当たり前にある通念が、本当はいったいどういうことなのか？「言葉」としての意味を頭ではわかっていても、自分にとってそれが、いったいなんなのか？そのひとつひとつを、自分で体験しながら、わかっていくプロセスこそ、人生というものなんじゃないかなあと思っています。

たとえばそのひとつが「結婚」。若いころは、ただただ好きな人とずっと一緒にいられることが「結婚」だと思っていました。私は失敗してバツイチになってしまったけれど、妹に娘と息子が生まれ、私は「伯母さん」になりました。彼ら彼女らはあっという間に成長して、社会人となり……。そんな姿を見ていると、結婚って命を継ぐってことだったんだなあと、初めてお腹の底からわかった気がするのです。

私は、今の夫と二人暮らしなので、私たちが死んでしまったら、それで「おしまい」です。でも、妹家族には、息子と娘がいて、妹が死んでも、その子どもたちは生き続ける……。家族を作って命を継ぐってことには、未来があるのだなあとしみじみ思いました。

東日本大震災が起こったとき、敏感に反応して移住した人の多くには、小さな子どもがいました。「私たち夫婦で終わり」と「子どもがいる」ということには、こんなにも決断に差が生まれるんだと、実感する経験でした。

こうやって、**人生の経験値が上がるにつれて、世の中に当たり前にあった「言葉」を、自分ごととして理解する。**人はそうやって**真実を自分のものに変換しながら生きていく**んじゃないかと思います。

「結婚」について、「もっと早く言ってよ！」で、もうひとつ書いた記事があります。それが「結婚は、人生の上がりじゃない」というものでした。「もっと早く言ってよ！」では、20代のノリコさんに語りかける口調で、文章を綴っています。

外の音、内の香「もっと早く言ってよ！」2018年8月22日

そこそこの大学を出て、そこそこの会社に就職して、あとは結婚すれば「上がり！」。そう思っているんでしょう？　でもね、残念ながら結婚は「上がり」なんかじゃないよ。

私の場合は、結婚して3年で離婚してしまったからエラそうなことは言えないけれど、どうして失敗したかと、今考えてみたら、それは自分の人生を生きる前に、結婚に逃げ込んでしまったからだと思う。それが結婚してみたらわかっちゃった。だから私は、もう一度一人で自分の人生を最初から歩き直さなくちゃと思ったんだよね。

結婚は「上がり」じゃなくて「始まり」なんだと思う。（中略）若い頃は、早く「上がって」落ち着きたい、ラクをしたいと思っていたけれど、私は今50歳を過ぎて、人生の後半が見えるようになったら、途端に「上がっちゃった」ら面白くないんだ、って思い始めました。先が見えなくて、どこを歩けばいいかわからなくて、不安だからこそ、歩き出すために、自分の力を総動員する。そのジタバタする過程こそ、最高の人生の面白さなんだよね。もうしばらく、私はジタバタしたいと思っています。

歳を重ね、何度も定義し直す

同じ言葉でも、20代、30代、40代、50代と、歳を重ねるにつれて、「それって、いったい何？」という理解は変わってくるものだと思います。だから、一度だけでなく、何度も定義し直す必要がある……。

結婚を「上がり」と見るのか「始まり」と意味づけるかで、夫婦である、という意識はずいぶん変わってきます。「言葉の定義」を変えてみることで、毎日を過ごす心持ちが変わり、意識が変わり、過ごし方が変わってくる。だから、「言葉」って大事だなあと思うのです。

再定義のきっかけは、小さな違和感だったりします。「あれ？　わかっていたと思っていたのに、これなんだったのだろう？」って。

新型コロナウイルスによる新しい生活様式では、いろんなことを考えさせられ、再定義のいいきっかけになったという方も多いのでは？　仕事ってなんだったっけ？　働くってどういうこと？　豊かな暮らしってどんなもの？

そこで、「なんとなく」考えを巡らせるだけでなく、自分なりの「定義」を言葉化してみると、自分に起きている変化をよりリアルに感じ、どこへ向かって歩いていけばいいか、方向が定まる気がします。

自分の本当の姿をさらけ出すということ

- 自分の「中心点」を起点にものごとを考える
- 文章を書くことで、自分を裸にする
- 文章を書くことは、自分の内側にある本当の自分を探すこと

自分の「中心点」を起点にものごとを考える

自分のことを書くエッセイはもちろんですが、誰かを取材したりインタビューをして書く場合も、ものを見たり、聞いたり、心を震わせる起点は「自分」になります。

私は、私という「中心点」に足を置いてしか、ものごとを理解することはできません。外で得た刺激を、この自分の「中心点」へ持って帰って、そこにあるものと並べてみたり、組み合わせてみたり、大きさを比べてみて、「はて、これはどういうことだろう？」と考えるというわけです。

だとすれば、いちばん大事になるのは、自分がどんな「中心点」を持っているか、ということになります。

でも、**実は自分で自分のことをわかるのが、いちばん難しい**……。外から持ち帰ったものと並べてみて、「ああ、私の中心点とは、こんな形だったか！」と改めて理解することも多いものです。大事にしたいのは、なるべくありのまま、素のまんまの自分で、ものごとに対するということです。
自分のことを文章に書くときどうしても、**「いい人でありたい」**という考えが無意識に働いてしまいます。自分のだらしないところ、苦手なこと、ついやってしまうこと、など隠しておきたいことは書かずに、**「よそ行きの自分」で書いてしまう**。特に若いころは、精一杯背伸びをして、自分をよく見せたいとイキがっていた気がします。
でも……。だんだん歳をとって、どんなに格好をつけてみても、私は私以上にはなれない、とわかってくると、「本当の自分」をさらけ出す勇気が持てるようになってきました。そんな気持ちで3年前に書いたのが『丁寧に暮らしている暇はないけれど。』（SBクリエイティブ）という本です。「はじめに」には、こんなふうに書きました。

『丁寧に暮らしている暇はないけれど。』

暮らし回りをテーマにした雑誌や本を作っていると、「イチダさんも、さぞ丁寧に暮らしているんでしょうね」と言われるのですが、実情はその真逆。毎日時間に追いかけられながら走っています。

さらに、生まれながらの大ざっぱ人間。引き出しにあれこれ突っ込みすぎて、開かなくなることはしょっちゅうだし、夫には「このお鍋、ちゃんと洗えてないやん」と叱られる始末です。

（中略）

それでも、私は「暮らすこと」が大好きです。

（中略）

この本では、面倒くさがりの私が、毎日時間に追いかけられながら、「それでも」と暮らしを楽しむために普段やっていることを綴りました。丁寧に暮らしている暇はないけれど――。

「けれど」の先にある、自分らしい日々が愛おしくてたまりません。

文章を書くことで、自分を裸にする

「ありのまま」の自分で書く、ということは、思っている以上に難しいもの。服を着て、化粧をして外に出るのは今や当たり前で、裸の自分と向き合う時間のほうが少ないのですから。

「私ってどういう人だろう?」と、まっすぐに自分を見つめるには、その外側にあるバリアをはらったり、硬い殻を剝くという、もうひと手間をかけなければいけません。

するとと、今度は逆に書くことで、「ああ、私の本来の姿ってこういうものだったんだ」と自分に向き合うことになりました。いつもは格好をつけている自分の化けの皮を剝がし、そこにいる自分でも気づかなかった自分の姿を見て、あ然としたり……。

たとえば誰かに会って、すごく素敵な人なのに、なぜか好きになれないと感じたのはなぜなんだろう？　と考えてみます。すると、知らず知らずのうちに「私だって、それできるもん！」と彼女と張り合っている自分がいることに気づいた……という感じです。

文章を書きながら、行間から素の自分が見えてくる。それを捕まえて分析し、書くことで、そんなダメダメな自分と、「どう付き合おうか？」と考え始めます。

文章を書くことは、自分の内側にある本当の自分を探すこと

２０１７年に『まねしんぼ日記』という自費出版の小さな冊子を出しました。その中で、「ミーハー万歳！」というエッセイを書きました。マガジンハウスを経て、57歳で蔦屋書店に

入社した勝屋なつみさんにうかがったお話を元に、自分のことを書いたもの。勝屋さんは、マガジンハウスの採用試験のときに、「自分が作りたい雑誌を書きなさい」という課題に、当時大好きだったという、倉本聰さんのテレビドラマで毎回流れていた、谷川俊太郎さんの「生きる」という詩を綴って「私はこういう雑誌を作りたい」と書いたそう。

『まねしんぼ日記』

将来を左右する入社試験で、いつも見ているテレビドラマで見つけたものを堂々と書ける人なんて、そうそういないと思うのです。

(中略)

でも、胸に手を当てて「最近、一番感動したこと」をよくよく思い返してみれば、夕ご飯を食べながら見たドキュメンタリー番組だったり、やきもきする恋愛ドラマだったりします。

(中略)

自分で自分のエンジンに点火して、走り出すために、もっと単純な回路を作れるんじゃないか。勝屋さんのあのお話を聞いたとき、そう思いました。大事なのは、もっとも身近にあるものの中から種を拾うこと。ミーハーだっていいじゃない。外側はどんな形でも、「自分のもの」として拾い上げ、皮をむいていれば、そこにきっとコリっとした種子があるはず、と信じたくなりました。

そうやって、自分を覆っている包み紙を解いて、その中にある「コリっとした種子」＝本音で書いた文章ほど、「私もそう思う！」と共感してもらえる手応えを感じています。

文章を書くということは、**「人から見た自分」から離れ、「自分としての自分」と正面から向き合う**ことなのかもしれません。

コクヨポケットアルバム

終えて

「書く」というテーマで1冊の本を出すことになったものの、「はて？　私にはいったい何が書けるだろう？」と途方に暮れました。毎朝パソコンの前に座るのだけれど、何を書いていいのかわからない……。「やっぱり、私には無理かも」と思い始めたころ、どこにあるかわからないゴールを探すのではなく、まずは足もとを見つめよう！　と思い立ちました。今、わかることをひとつ書いてみよう。そうやって、自分が今までやってきた「書く」という作業を、毎日ひとつだけ思い出し、紐解いて、言葉にして綴る……。淡々とそれを繰り返し、ふと気づくと30本のエッセイができ上がっていました。

1冊分の原稿を書くということは大変な作業です。いつもはお尻に火がつかないと動き出せない私ですが、書籍の執筆だけは別。一気に書くことはできないので、1日1本を仕上げ、担当の編集者に毎日ラブレターのようにメールで送ります。

　書いている最中は、「へ〜、そうか、私ってこんなこと考えていたんだ」「いつもやっていることには、こんな理由があったんだ」と発見がいっぱい。それは、山の中で道を探しながら歩いている自分を空から見下ろしている気分でした。最初は鬱蒼《うっそう》と茂る森だったのに、だんだん細い道がついてきて、それが少しずつ伸びて、やがて山頂へとつながっていく……。そして、山頂に立って眼下を見下ろしたとき、「ここがゴールだったんだ」と初めて知るのです。

　私が、この本でいちばん伝えたかったのは、この「書くプロセス」によって味わうことができる「発見」のワクワクなのかもしれないな、と思います。「書く」ことが仕事でない人も、「書く」ことが苦手な人も、毎日ひとつだけ、自分が見つけたことを綴ってみれば、それが2つ、3つとつながって、きっと探していた何かが発見できるんじゃないかな。

　InstagramやFacebookのほんの1文の中ででも、そこに綴った文章は、自分の足跡となります。何者かにならなくても、何かを成し遂げなくても、自分の足もとを見つめてコツコツ綴れば、ひとつずつの点がつながって、ぼやけて見えていなかったものが焦点を結び、くっきりと立ち上がってくる。

　この本が、誰かの「書く」ことのきっかけとなればうれしく思います。

一田憲子（いちだ のりこ）
1964年生まれ。編集者・ライター。女性誌などで活躍するほか、『暮らしのおへそ』『大人になったら、着たい服』（主婦と生活社）、『暮らしのまんなか』（扶桑社）では、企画から編集までを手がける。取材者と読者、両者の立場に立った、気づきのある文章で人気を博す。近著に『日常は5ミリずつの成長でできている』（大和書房）がある。自身のサイト「外の音、内の香」（https://ichidanoriko.com/）を主宰。

暮《く》らしを変《か》える書《か》く力《ちから》

2021年4月1日　初版発行
2021年5月25日　3版発行

著者／一田《いちだ》 憲子《のりこ》
発行者／青柳 昌行
発行／株式会社KADOKAWA
〒102-8177　東京都千代田区富士見2-13-3
電話0570-002-301（ナビダイヤル）
印刷所／大日本印刷株式会社

●お問い合わせ
https://www.kadokawa.co.jp/（「お問い合わせ」へお進みください）
※内容によっては、お答えできない場合があります。
※サポートは日本国内のみとさせていただきます。
※Japanese text only

定価はカバーに表示してあります。

ISBN 978-4-04-896948-2 C0077